# MANUEL

DU

# SAPEUR-POMPIER.

LOTTIN DE S.-GERMAIN, IMPRIMEUR,
rue de Nazareth, n°. 1. — (1824).

# MANUEL

DU

# SAPEUR-POMPIER,

DÉDIÉ ET PRÉSENTÉ

A S. A. R. MONSIEUR,

PAR A. J. B. DE PLAZANET,

*Lieutenant-Colonel, Commandant le Corps des Sapeurs-Pompiers de la Ville de Paris, ancien Officier supérieur du Génie, Chevalier de l'Ordre Royal et Militaire de S.-Louis, Officier de l'Ordre Royal de la Légion d'honneur.*

SECONDE ÉDITION.

*Un Volume in-8.° avec six planches.*

A PARIS,

Chez L'AUTEUR, à l'État-Major du Corps des Sapeurs-Pompiers, quai des Orfèvres, n.° 20;
ANCELIN et POCHARD, Libraires, Successeurs de MAGIMEL, rue Dauphine, n.° 9.

1824.

A Son Altesse Royale

Monsieur.

MONSEIGNEUR,

*Ma première pensée, en commençant un ouvrage pour l'instruction des Sapeurs-Pompiers, a été d'en offrir la dédicace au PRINCE dont la tendre sollicitude pour les Français, lui a fait prendre sous sa protection des Corps qui contribuent puissamment à leur sécurité ; la Garde-Nationale et les Sapeurs-Pompiers.*

*VOTRE ALTESSE ROYALE*, *en daignant approuver l'objet de mon ouvrage, et en accepter la dédicace, a comblé tous mes vœux.*

*Je suis avec un profond respect,*

*DE VOTRE ALTESSE ROYALE,*

*MONSEIGNEUR,*

*Le très-humble
et très-obéissant serviteur,*

A. J. B. DE PLAZANET.

# PRÉFACE.

La nécessité d'avoir un mode régulier d'instruction pour le corps des Sapeurs-Pompiers de la ville de Paris, et les demandes multipliées faites par des chefs de Sapeurs-Pompiers des départemens, d'un livre qu'ils croyaient déjà fait, ont donné l'idée de publier la première édition de cet ouvrage dont Son Altesse Royale MONSIEUR a daigné agréer la dédicace, et qui a pour objet principal l'enseignement de la manœuvre des pompes et son application à l'extinction des incendies.

Cette première édition étant entièrement épuisée, on s'est occupé d'une seconde, dans laquelle on a fait des changemens et des additions que l'expérience acquise dans les incendies et dans l'enseignement des manœuvres, a paru nécessiter. On a changé le format in-4° en celui in-8°, afin de pouvoir diminuer le prix de l'ouvrage et le mettre, par là, plus à la portée des personnes auxquelles il peut être utile.

# INTRODUCTION.

Le principe duquel découlent tous les moyens employés pour éteindre le feu, est que celui-ci ne peut s'alimenter sans le concours de l'air, et que par conséquent on l'éteint en le privant de cet aliment, par l'interposition de substances quelconques, combustibles ou incombustibles. Quelques exemples suffiront pour faire comprendre ce qu'on vient d'avancer.

Du charbon ardent mis dans un vase que l'on ferme ensuite hermétiquement, s'éteint immédiatement après que l'air contenu dans ce vase est absorbé ; du fumier jeté en grande quantité sur un brasier ardent, l'éteint aussitôt en le privant du contact de l'air ; une goutte d'huile tombant sur la mèche d'une bougie allumée, l'éteint sur le champ ; un tison brûlant trempé dans l'huile s'éteint aussi.

On éteindrait un feu plus considérable avec de l'huile, pourvu qu'on en jetât à la fois une assez grande quantité.

Les corps fluides sont préférables pour l'extinction du feu, parce qu'étant susceptibles d'une division instantanée, ils peuvent être mis promptement en contact avec tous les points embrasés et intercepter l'air nécessaire à la combustion. En se vaporisant, ils enlèvent aux corps qui brûlent, une partie du calorique qui produit l'écartement de leurs molécules et qui les dispose à s'unir à l'oxigène de l'air.

L'eau qui de tous les fluides est le plus universellement répandu, est celui qu'on a dû préférer pour l'extinction des incendies.

On a imaginé un grand nombre de moyens, plus ou moins ingénieux, pour la faire arriver sur le feu. On ne s'occupera que de l'instrument reconnu jusqu'ici le plus avantageux, pour lancer l'eau avec vitesse et abondance, *la pompe à incendie*.

Cet Ouvrage est divisé en *huit chapitres*. Le premier contient la description des machines en usage contre les incendies et de leurs accessoires.

Le second traite de l'exercice régulier pour la manœuvre des pompes à incendies et des moyens de remédier à divers accidens.

On trouve dans le troisième les principes généraux pour les établissemens des pompes dans les incendies.

Dans le quatrième sont décrits les procédés particuliers pour l'attaque des feux de toute nature et des grands incendies.

Le cinquième traite de la réunion de plusieurs pompes.

Le sixième donne la description des établissemens fixes existans dans les théâtres de Paris, et des procédés qu'on y emploie pour éteindre le feu dès sa naissance. On y parle des améliorations nécessaires dans la construction des salles de spectacles pour diminuer les chances d'incendie. On y indique ce qu'il est convenable de faire dans les salles où l'on doit réunir beaucoup de monde, les jours de fêtes : il est terminé par quelques idées sur les incendies dans les endroits éloignés des secours.

Le septième comprend la nomenclature des principaux exercices gymnastiques auxquels on peut exercer les Sapeurs-Pompiers et les divers moyens qu'on pourrait employer pour sauver les personnes en danger dans les incendies.

Dans le huitième, on a rapporté l'Ordonnance royale relative à l'organisation du corps des Sapeurs-Pompiers de Paris et on a donné quelques détails sur le service de ce corps et sur les mesures que l'on prend pour accélérer le départ des secours.

Il est terminé par un aperçu sur l'organisation et le service que l'on peut exiger des compagnies de Sapeurs-Pompiers des départemens.

Chaque ville pourra puiser dans ce chapitre, ce qui est applicable à sa localité.

On a mis à la fin de l'ouvrage une situation des corps-de-garde des Sapeurs-Pompiers dans la ville de Paris ; et trois tableaux dont le premier présente le nombre de feux qui ont eu lieu à Paris dans l'espace de 20 années et le nombre moyen annuel des incendies ; le second indique la position de toutes les bouches d'eau qui existent dans cette ville ; le troisième donne la désignation des diverses compagnies d'assurance contre l'incendie.

Indépendamment de son but principal, ce *Manuel* pourra être utile aux particuliers qui, pour la sureté de leurs propriétés, se sont procuré des pompes, et qui, faute d'avoir les notions nécessaires pour leur manœuvre et leur entretien, les laissent dépérir, et ne s'aperçoivent du mauvais état dans lequel elles se trouvent, qu'au moment où ils en ont besoin, c'est-à-dire, beaucoup trop tard.

Au moyen du *Manuel*, le concierge d'une maison aidé de deux hommes pourra nettoyer la pompe et entretenir ses agrès.

Si cet ouvrage n'atteint pas précisément le but qu'on s'est proposé en le publiant, on espère du moins qu'il sera de quelqu'utilité dans les villes et villages où il n'y a encore rien d'établi pour prévenir et arrêter les incendies, qu'il pourra servir à commencer l'éducation de Sapeurs-Pompiers, qui, en acquiérant de l'expérience, auront des idées nouvelles qu'ils s'empresseront, sans doute, de mettre au jour pour rendre service à leurs concitoyens.

# CHAPITRE I^er.

## DESCRIPTION DES MACHINES

### EN USAGE CONTRE LES INCENDIES.

1. Les pompes en usage pour le service des Sapeurs-Pompiers, sont de deux sortes, l'une qu'on appelle FOULANTE et l'autre ASPIRANTE.

### POMPE FOULANTE.

2. La pompe foulante se compose de plusieurs pièces principales dont la nomenclature suit :

Un patin A B C D (*pl* 2, *fig.* 1, 2 *et* 3).

Une bâche B (*pl.* 2, *fig.* 4).

Une plate-forme ABCD (*pl.* 2, *fig* 5 *et* 6).

Deux corps de pompe et un récipient réunis A A et N (*pl.* 2, *fig.* 7 *et* 8).

Une caisse d'entourage ABCD (*pl.* 2, *fig.* 9 *et* 10).

Un entablement ABCD (*pl.* 2, *fig.* 11 *et* 12).

Deux pistons et un balancier P P et B (*pl.* 2, *fig.* 13, 14 *et* 15).

### 3. Armement de la pompe.

Deux tamis ABCD (*pl.* 2, *fig.* 16).

Un boudin A (*pl.* 2, *fig.* 17).

Deux demi-garnitures de boyaux A. (*pl.* 2, *fig.* 18).

Une lance A (*pl.* 2, *fig.* 20).

Une pièce à deux vis AB (*pl.* 2, *fig.* 21 *et* 22).

Deux leviers L L (*pl.* 2, *fig.* 23).

Un cordage.

Une hache ABM (*pl.* 2, *fig.* 24).

Deux bouts d'échelles italiennes (*pl.* 6, *fig.* 1, 2, 3 *et* 4).

Quelques unes de ces pièces sont formées de plusieurs pièces particulières dont on va donner la description.

4. Le patin ABCD (*pl.* 2, *fig.* 1, 2 *et* 3) est un madrier, sa surface supérieure est garnie, sur le devant, d'une patte à crochet E (*pl.* 2, *fig.* 2), où est passée la chaîne de l'avant F; à côté de cette patte et à droite, est fixée une boîte en cuivre B (*pl.* 2 *fig.* 1 *et* 2) destinée à recevoir la pièce à deux vis; aux quatre points H (*pl.* 2, *fig.* 2), sont fixés quatre boulons en fer perpendiculaires à la surface du patin, et qui ont la longueur nécessaire pour aller traverser l'entablement; à l'arrière, le patin est garni d'une

plate-bande en fer I, placée transversalement, au milieu de laquelle est un pivot d'arrêt destiné à le fixer sur le chariot, qui est armé d'une bande de fer (dite barre d'arrêt), pour le même objet; plus en arrière sont deux pitons à écroux, dans lesquels passent les chaînes de l'arrière LL; de chaque côté, aux extrémités du patin et sur sa surface supérieure, il y a des poignées en fer qui servent à enlever la pompe, elles sont figurées en PP (*pl.* 2, *fig.* 1 *et* 2); le patin est supporté par deux pièces de bois nommées semelles SS (*pl.* 2, *fig.* 3), arrondies par les bouts.

5. La bache B est une bassine en cuivre battu, servant à contenir l'eau : elle a une forme assez irrégulière, cette figure et celles 2 et 3 (*planche* 1re.), où elle est vue en plan et en élévation, suffisent pour en donner l'idée; à la partie inférieure de son flanc gauche, elle est percée d'un trou circulaire C (*pl.* 1ere., *fig.* 2), où est établie la sortie du récipient, et à sa partie supérieure elle est roulée en forme de cordon sur une tringle en fer d'une figure quadrangulaire ABCD (*pl.* 1ere., *fig.* 3), dont les angles sont arrondis : elle contient environ 184 litres d'eau, mais il en reste 49 litres, soit dans les corps, soit au-dessous des trous des cu-

lasses ; il n'y en a que 140 litres débités par la manœuvre en trente huit secondes, ce qui revient à débiter environ un muid d'eau par minute.

6. La plate-forme ABCD (*pl.* 2, *fig.* 5 *et* 6) est un madrier qui a de chaque côté une allonge ; l'une E sert à soutenir le tuyau de sortie du récipient ; l'autre F soutient la courbe d'aspiration dans la pompe aspirante : ces allonges ont, de E en F, la largeur de la bâche, en sorte que la plate-forme mise en place, s'y trouve fixée dans le sens horizontal.

La surface supérieure de la plate-forme est entaillée de trois cercles G, I, K (*pl* 2, *fig.* 6), dont deux, G, K reçoivent les culasses des corps de pompe, et celui du milieu I, d'un plus grand diamètre, est destiné à recevoir le récipient ; aux quatre points H, sont fixés quatre boulons perpendiculaires à la surface et qui vont traverser l'entablement comme ceux du patin ; sur l'allonge du côté du tuyau de sortie est un taquet L (*pl.* 2, *fig.* 5 *et* 6), qui s'élève de manière à ce que le tuyau porte dessus.

7. Les deux corps de pompe AA (*pl.* 2, *fig.* 7 *et* 8), sont deux cylindres en cuivre fondu, à base circulaire ; ils doivent être alaizés avec soin dans l'intérieur : les épaulemens BB (*pl.*

2, *fig.* 7) reçoivent l'entablement et l'empêchent de porter sur le récipient; à la partie inférieure de chaque corps de pompe se trouve un tuyau D d'un moindre diamètre, appelé conduit latéral, terminé par un clapet incliné E, le tout en cuivre.

Le conduit latéral est fixé au récipient par un fort raccordement, ce qui permet de visiter les clapets et de les réparer au besoin.

Chaque corps de pompe repose sur un manchon F ou cylindre creux, de même matière, aussi à base circulaire, mais d'un diamètre un peu plus grand: ces manchons s'appellent culasses et sont percés, à leur surface, de petits trous: dans les pompes aspirantes, ces mêmes manchons sont percés chacun d'un seul trou, auquel se raccorde la courbe d'aspiration: dans l'une et l'autre pompe, ils sont garnis, à leur surface supérieure, d'une soupape G.

8. Le recipient N (*pl.* 2 *fig.* 7) est un cylindre creux, en cuivre battu, fermé par le haut et par le bas: à sa surface sont pratiquées trois ouvertures, deux DD, pour les conduits latéraux des corps de pompe, et la troisième H pour le tuyau de sortie auquel s'adapte le boudin ou la

pièce à deux vis qui, l'un comme l'autre, se vissent aux boyaux. Ce récipient peut avoir toute autre forme que celle cylindrique, pourvu qu'il n'y ait que les trois ouvertures ci-dessus indiquées.

9. La caisse d'entourage est composée de quatre ais ou planches, formant une caisse ABCD ( *pl.* 2, *fig.* 9 *et* 10) sans fond ni couvercle ; elle est, dans les pompes foulantes, percée d'un grand nombre de trous destinés au passage de l'eau, mais dont la petitesse empêche l'introduction des corps étrangers. Cette caisse repose sur la plate-forme qui lui sert de bâse inférieure. Dans l'une de ses faces est pratiquée une échancrure E ( *pl.* 2, *fig.* 9 ) pour le tuyau de sortie.

10. L'entablement ABCD ( *pl.* 2, *fig.* 11 *et* 12 ) est un madrier percé de deux trous circulaires EE, pour recevoir les extrémités supérieures des corps de pompe, et de huit autres HH, pour les boulons tant du patin que de la plate-forme.

Sa surface supérieure est entaillée de manière à recevoir quatre plates-bandes en fer FF, GG, sur lesquelles s'exerce la pression des écroux des boulons : deux de ces plates-bandes GG, servent en outre à soutenir les poupées en fer, ci-après décrites, dont l'objet est de supporter et maintenir l'arbre du balancier : ces poupées sont rivées par leur extrémité inférieure dans les susdites plates-bandes GG ; à chaque extrémité de l'entablement est placée une garniture en fer II, pour recevoir le choc du balancier ; aux quatre angles sont des courroies en cuir KK qui servent à maintenir les leviers quand la pompe est armée.

11. Les poupées P (*pl.* 2, *fig.* 11) sont deux montants en fer terminés en fourche, où sont encastrés des coussinets en cuivre LL, dont la partie inférieure est fixe, et celle supérieure mobile dans les coulisses à queue d'aronde : l'arbre du balancier joue dans les coussinets qui sont maintenus par leurs coulisses et par des platines MM serrées à écroux OO.

12. Les pistons PP (*pl.* 2, *fig.* 14) sont deux cylindres pleins, en plomb régule, quelquefois en bois de gayac, qu'on appelle vulgairement noyaux, ils sont garnis à leurs bâses supérieures et inférieures de rondelles de cuir RR, maintenues par d'autres rondelles en fer SS et par des écroux QQ, qui se vissent sur les extrémités des axes en fer qui traversent ces cylindres.

Les rondelles de cuir ont le même diamètre que l'intérieur des corps de pompe, et le cylindre de plomb a un diamètre un peu moindre, en sorte que, lorsqu'on introduit les pistons dans les corps de pompe, ceux-ci se trouvent fermés hermétiquement par les rondelles en cuir, sans que le plomb touche l'intérieur des cylindres.

Les tringles en fer V ( *pl.* 2 , *fig.* 13 *et* 14 ) unissent les pistons PP, au balancier B, au moyen de boulons XX et SS (*pl.* 2, *fig.* 14), ou par les assemblages dits à tête de compas ZZ et S (*pl.* 2 , *fig.* 13 ) , qui les fixent aux uns et à l'autre par leurs extrémités.

On se sert aussi de pistons qu'on appelle à godets (*pl.* 2 , *fig.* 14 *bis et* 15 *bis* ), qui diffèrent de ceux qu'on vient de décrire, en ce que, au lieu des rondelles aux deux bâses, on met des godets en cuir dans lesquels sont des rondelles de même matière, qui tendent à faire écarter les parois des godets. Les figures 14 *bis* et 15 *bis* représentent, l'une la coupe, et l'autre l'élévation de cette espèce de piston, qui est préférable aux autres.

13. Le balancier B (*pl.* 2 , *fig.* 13, 14 *et* 15 ) est une verge de fer terminée à ses extrémités par des tés TT (*pl.* 2 , *fig.* 15),

aux branches desquels sont des yeux Y (*pl.* 2, *fig.* 13, 14 *et* 15), où passent les leviers.

Le balancier est traversé à son milieu par un arbre en fer K, qui est soudé sur le balancier pour plus de solidité; les tourillons de l'arbre reposent sur les coussinets des poupées; de chaque côté s'attachent les tringles des pistons, au moyen d'un assemblage à tête de compas, ou par un boulon comme il a été dit au n.° 12. A ces points, comme au milieu du balancier, la dimension du fer est plus forte, parce que ce sont ceux qui fatiguent le plus.

Les trois figures 13, 14 et 15, planche 2, donnent une idée du balancier uni aux pistons.

## ARMEMENT DE LA POMPE.

14. Les tamis sont deux paniers en osier de la forme ABCD (*pl.* 2, *fig.* 16), qui est telle qu'en les posant sur chacun des côtés de la bâche ils en ferment à peu près l'ouverture BCEF (*pl.* 1.ere, *fig.* 3), et que l'eau avec laquelle on alimente la pompe, et qui passe à travers, arrive dépouillée des substances étrangères qui pourraient nuire au mouvement des clapets et soupapes.

15. Le boudin A ( *pl.* 2 , *fig.* 17 ) est un boyau en cuir, de deux pieds de longueur environ, garni, à l'une de ses extrémités, d'une vis de raccordement B, et à l'autre, d'une vis C, connue sous le nom de pièce a large bord ; c'est cette dernière qui, garnie d'une rondelle en cuir, se visse dans le tuyau de sortie du récipient et ferme hermétiquement le trou du flanc de la bâche ; l'autre vis est destinée à se raccorder avec la boîte de la première demi-garniture.

16. Les demi-garnitures AA ( *pl.* 2 , *fig.* 18 ) sont deux boyaux en cuir de la même forme que le boudin, mais garnis, à l'une de leurs extrémités, d'une boîte creuse C, ayant un pas de vis intérieur, et à l'autre, d'une vis B, du même pas, dite vis de raccordement ; la boîte de la première demi-garniture se monte sur l'extrémité du boudin, comme nous l'avons dit plus haut, et la vis est destinée à être reçue par la boîte creuse de l'autre demi-garniture, ou par la boîte de la lance. A dix ou douze pieds de la vis de la demi-garniture, sont plusieurs lanières, dont l'ensemble se nomme collet ; la partie A, est un nœud fait pour y passer un cordage qui, comme les parties

B et C, dont celle B se termine par une boucle, est destinée à fixer les demi-garnitures, selon le besoin.

17. La lance A (*pl.* 2, *fig.* 20) est un tube en cuivre de forme conique; à sa bâse inférieure est soudée une boîte creuse D, taraudée au même pas que la vis des demi-garnitures; au rebord de cette boîte est cousue une rondelle en cuir.

L'orifice E de la lance a un diamètre beaucoup plus petit que celui du corps, ce qui aide à donner de la force au jet et à le rendre continu.

18. La pièce a deux vis, destinée à remplacer le boudin s'il venait à crever, est en cuivre fondu, elle a la forme AB (*pl.* 2, *fig.* 21 *et* 22), des deux bouts elle est armée de vis AB; celle A, a un bord plus large que l'autre et reçoit une rondelle en cuir, parcequ'elle est destinée à remplacer la pièce à large bord du boudin, et à se visser sur le tuyau de sortie: celle B, est une vis de raccordement ordinaire.

19. Les leviers de manœuvre AL (*pl.* 2, *fig.* 23) sont deux bâtons de frêne cylindriques, ayant un épaulement en A, pour les empêcher de passer de part en part dans les yeux du balancier.

20. **Le cordage** est de chanvre, ayant environ 80 pieds de longueur, et 6 lignes de diamètre.

21. **La hache** pourrait être considérée comme composée de deux parties réunies par une douille D (*pl.* 2, *fig.* 24) où passe le manche M; la partie A est un pic, celle B est une hache proprement dite.

22. Deux bouts d'échelles, dites à l'italienne.

Chaque bout d'échelle se compose :

1°. De deux montants AA (*pl.* 6, *fig.* 1re), de 1 mètre 92 centimètres environ de longueur, en frêne équarri, garnis, à leurs extrémités, de sabots BB *bb* (*pl.* 6, *fig.* 2), en fer et échancrés en C*c*.

2°. De cinq échelons, les trois du milieu EEE sont cylindriques, en bois de cornouiller, et les deux extrêmes GH sont en frêne équarri et garnis de tringles en fer, T*t*. Le premier G en dessous et le dernier H en dessus. Ce dernier échelon H ainsi que la tringle *t* dont il est garni, traversent les montants en S, et forment de chaque côté une saillie destinée à entrer dans l'échancrure C d'un autre bout d'échelle, et à le supporter comme cela a lieu en S' (*pl.* 6, *fig.* 3 *et* 4), l'échelon G entre dans les échancrures C, ainsi qu'on le voit en VV.

Comme on le voit facilement, la fig. 1.ère représente un bout d'échelle vu de face ; la fig. 2 le représente de champ ; la fig. 3 représente deux bouts d'échelle entés l'un sur l'autre et vus de face ; et la fig. 4 les représente vus de champ.

Les lettres du premier bout dans les fig. 3 et 4 sont les mêmes que dans les fig. 1 et 2, et les lettres qui désignent les mêmes objets dans le second bout sont distinguées par le signe ( ' ).

Les échelles dites à l'italienne sont destinées à s'enter les unes sur les autres, de manière à n'en faire, pour ainsi dire, qu'une seule de la grandeur nécessaire pour atteindre à un étage déterminé.

Celles dont on se sert à Paris sont toutes de la même longueur, qui a été réglée pour la facilité de la manœuvre, et en raison de la dimension du chariot de pompe qui sert à les transporter : si l'on employait un autre moyen de transport, un bout pourrait être d'une longueur arbitraire et bien plus grande que celle des autres bouts, qui ne doivent pas avoir plus de six pieds.

## POMPE ASPIRANTE.

23. La pompe aspirante ne diffère de celle foulante qu'en ce que les culasses que nous

avons dit être dans cette dernière, percées d'un grand nombre de trous, pour servir de passage à l'eau, ne le sont que d'un seul auquel est fixé un tuyau appelé courbe d'aspiration et dont la forme annulaire est donnée en ABA (*pl.* 2, *fig.* 25 *et* 26), en plan et en élévation : au milieu, et sur le dessus de cette courbe, il y a un orifice B, avec un pas de vis sur lequel se monte, au moyen d'une boîte, l'extrémité d'un tuyau de cuir d'une construction particulière, que l'on va décrire et qui est connu, dans le corps, sous le nom d'ASPIRAL ; l'autre extrémité de ce tuyau se plonge dans le réservoir d'eau, quel qu'il soit, et en manœuvrant la pompe on obtient un jet un peu moins fort que celui fourni par les pompes foulantes, attendu qu'une partie de la force des travailleurs est employée à aspirer et l'autre à fouler l'eau, tandis que dans les pompes foulantes, toute leur force est employée à obtenir ce dernier résultat.

24. LE TUYAU ASPIRAL est semblable, à l'extérieur, aux demi-garnitures, mais il a deux enveloppes de cuir l'une sur l'autre ; la première recouvre des viroles placées dans le sens de la longueur et espacées à peu près de quatre lignes ; ces viroles sont de petits cy-

lindres en cuivre, à bâse circulaire d'environ 18 lignes de diamètre et 12 de hauteur.

Les deux enveloppes de cuir se recouvrent de manière que les coutures soient à peu près diamétralement opposées afin de donner moins de facilité à l'air pour s'introduire dans l'aspiral ; les viroles servent à supporter le poids de l'atmosphère, lorsqu'en aspirant, la pompe tend à faire le vide dans l'intérieur ; sans elles le tuyau s'aplatirait et le passage de l'eau serait intercepté.

L'extrémité de l'aspiral qui plonge dans le réservoir, est armé d'une vis sur laquelle se monte une tête d'arrosoir ou un panier qui empêche les ordures de passer dans l'aspiral.

25. On a essayé de substituer à ces tuyaux, des tuyaux à une seule enveloppe, garnie intérieurement de viroles semblables ou d'un fil de laiton formant une hélice dans l'intérieur. Ces tuyaux, qui sont cousus en fil de laiton, ont parfaitement réussi.

26. Les pompes aspirantes proprement dites, servent trop peu comme telles pour qu'on n'ait pas cherché à en tirer parti comme foulantes ; pour y parvenir, au lieu de l'aspiral, on visse, sur l'orifice de la courbe d'aspiration, une pièce dont la forme est indiquée en A ( *pl.* 2, *fig.* 27 ), et qu'on

appelle tête d'arrosoir : elle est percée d'un nombre de trous suffisans pour qu'il y puisse passer à la fois autant d'eau qu'en débite la pompe, et elle sert à tamiser cette eau ; la tête d'arrosoir n'a pas d'autre objet, aussi pourrait-on s'en passer, si l'eau dont on doit remplir la bâche était tout-à-fait propre.

27. Dans quelques pompes, dans celles à demeure sur-tout, outre l'orifice de la courbe d'aspiration sur lequel on vient de dire que se monte l'aspiral ou la tête d'arrosoir, il existe un cylindre horisontal de même diamètre que la courbe d'aspiration, et qui la pénètre par une de ses bases, tandis que l'autre sort de la bâche par un trou directement opposé à celui de la sortie du récipient ; cette extrémité est terminée par un orifice destiné à recevoir une pièce à deux vis sur laquelle, dans l'état ordinaire de la pompe, est vissée une espèce de boîte creuse, fermée à l'une de ses bases, et connue, dans le corps des Sapeurs-Pompiers, sous le nom de CHAPEAU COUVERT : elle est représentée en B (*pl.* 2, *fig.* 28).

28. Lorsqu'on veut faire plonger le tuyau aspiral dans un puits, ou dans une citerne au dessous du sol, on le visse de préférence au nouvel orifice dont on vient de parler,

parce qu'alors n'étant pas obligé de passer par dessus la bâche, il n'a pas besoin d'être aussi long; dans ce cas le chapeau couvert, qui est monté sur cet orifice, se place sur celui de la courbe d'aspiration où est ordinairement la tête d'arrosoir, afin que cette courbe n'ait plus de communication avec l'air extérieur.

29. Dans les pompes de spectacles qui sont à demeure, le tuyau aspiral, au lieu d'être de la nature de celui décrit plus haut, est en cuivre ou en plomb : il est monté au moyen d'un raccordement, sur l'orifice dont on vient de parler.

30. *Nomenclature des pièces qui composent le chariot.*

PARTIES EN BOIS.

Deux flasques en madriers *aa* (*pl.* 1re, *fig.* 4 *et* 5).

Quatre entretoises *b*.

Deux échantignolles *c* entaillées pour recevoir l'essieu.

Une flèche *d*.

Une traverse de flèche *e*.

Un heurtoir *f*.

Un tablier *gg* en planche de sapin.

Deux roues *q*'

## PARTIES EN FER.

Quatre boulons *h* qui lient les échantignolles aux flasques.

Deux boulons *ii* qui traversent le tablier et attachent la flèche aux deux entretoises de l'avant.

Un boulon *k* qui réunit le talon du heurtoir à la flèche.

Quatre petits boulons *l* qui fixent le tablier sur la première et la quatrième entretoise.

Un crochet *m* sur la flèche près la naissance du heurtoir, pour arrêter la chaîne de l'avant.

Un crochet *n* sur le heurtoir pour maintenir le bout de la chaîne de l'avant.

Un talon *o* sur le heurtoir.

Un essieu *p*.

Deux cercles de roue *q*.

Deux rondelles à crochets *r*.

Deux embrasures d'échantignolles pour le maintien des essieux.

Une coëffe *s* à la tête de la flèche.

Une barre d'arret *t* fixée sur le flasque droit du chariot par une patte à crochet *u*.

Une patte à tige *v* sur le même côté.

Une patte à piton *x* sur le flasque gauche.

Une clavette et sa chaîne *y*.

Deux crochets doubles *z* pour porter les échelles.

Deux crochets simples *z'* pour le même objet.

## EXPLICATION DU MÉCANISME

### DES POMPES A INCENDIE.

Après avoir donné la description des pompes à incendie, et celle de toutes les parties qui les composent, on croit indispensable d'expliquer leur mécanisme, afin de faire connaitre les fonctions que remplissent leurs pièces principales.

### POMPE FOULANTE.

31. Avant de mettre en jeu la pompe foulante on remplit d'eau sa bâche ; des hommes placés aux extrémités du balancier les élèvent et les abaissent successivement, pour faire monter et descendre les pistons dans les corps de pompe.

Lorsque l'un des pistons monte, l'air, compris entre sa base, le clapet et la soupape, se dilate et cesse d'être en équilibre avec l'air extérieur, ce dernier presse alors avec avantage la surface de l'eau contenue dans la bâche, et l'oblige à monter dans le cylindre, en soulevant la soupape, jusqu'à ce que l'air intérieur ait été ramené à sa première densité, ce qui rétablit l'équilibre, alors la soupape de la culasse retombe.

Le même piston venant à descendre, exerce une pression sur l'eau qui, trouvant la soupape de la culasse fermée, est contrainte d'entrer dans le récipient, en passant par le conduit latéral dont elle soulève le clapet.

Pendant que ce refoulement a lieu, l'autre piston remonte, et de son mouvement résulte le même effet que vient de produire le premier.

L'eau qui arrive dans le récipient chasse l'air dans la partie supérieure, l'y comprime, l'élasticité de celui-ci se combinant avec le jeu alternatif des pistons, force l'eau à s'échapper avec violence et continuité par le tuyau de sortie. Les boyaux s'emplissent et l'eau arrive promptement à l'orifice de la lance ; le diamètre de cet orifice étant plus petit que celui des conduits latéraux et devant nécessairement débiter la même quantité d'eau, il en résulte que le jet acquiert une vitesse considérable, et telle que certaines pompes élèvent l'eau à plus de 80 pieds.

## POMPE ASPIRANTE.

32. Le mécanisme de la pompe aspirante est à peu près le même que celui de la pompe foulante.

On ne met pas d'eau dans la bâche, elle parvient aux culasses par le moyen du tuyau aspiral dont l'extrémité plonge dans un réservoir quelconque.

Les premiers coups de pistons aspirent l'air contenu dans ce tuyau ; l'eau du réservoir pressée par le poids de l'atmosphère, remplit le vide produit par le jeu des pistons, finit par arriver dans le récipient, et alors l'effet devient absolument le même que dans la pompe foulante.

Il est bon d'observer que la pression de l'air, qui fait monter l'eau dans cette espèce de pompe, ne pouvant soutenir qu'une colonne d'eau de 32 pieds de hauteur, et que les instrumens dont on se sert étant toujours imparfaits, l'aspiration n'aurait plus d'effet, si le réservoir où l'on veut faire plonger l'aspiral, était à plus de 25 ou 30 pieds environ au-dessous de l'établissement de la pompe.

### *Description du tonneau en usage dans le corps des Sapeurs-Pompiers.*

33. Jusqu'ici on s'est servi dans le Corps, pour transporter l'eau, de tonneaux ordinaires de porteurs d'eau ; on vient d'y substituer avec avantage un tonneau imaginé par M. le comte de Thiville (1), qui, au lieu d'être placé sur un brancard, est traversé dans le sens de son axe par l'essieu et tourne avec les roues, en sorte que le frottement, qui, ordinairement, a lieu du moyeu de la roue sur l'essieu, se trouve détruit.

Il en résulte un bien moindre emploi de force pour traîner un tonneau de la même capacité.

Le tonneau de M. de Thiville dont tout le poids est porté par les roues et dont le centre de gravité se trouve dans le plan vertical qui passe par l'axe de l'essieu, n'est point sujet à se renverser en avant ou en arrière, il n'y a pas besoin de chambrières pour le soutenir, et les accidens fréquens qui sont la suite de la rupture de celles-ci dans les anciens tonneaux, ne peuvent plus avoir lieu.

---

(1) M. le comte de Thiville a obtenu un brevet d'invention pour la construction de ce tonneau.

On a placé sur le milieu d'une des douves un robinet en cuivre, combiné de manière à ce qu'il puisse servir à remplir et à vider le tonneau au moyen d'un tuyau de même nature que celui décrit au n° 25 qui se visse sur le robinet, et qui est garni à son extrémité d'un entonnoir en cuir.

On croit que l'usage de ces tonneaux est préférable pour le service des incendies et même pour les porteurs d'eau.

### *Description de l'échelle à crochets.*

34. L'ÉCHELLE A CROCHETS est une échelle ordinaire d'environ douze pieds de longueur; le diamètre des montants est de quinze à dix-huit lignes; ils sont en frêne; les échelons sont en cornouiller et ont environ un pied de longueur. A l'extrémité supérieure de chaque montant est enmanché par sa douille un crochet de la forme indiquée planche 6, fig. 5.

Ces échelles servent à monter d'un étage à un autre, en plaçant les crochets de manière à ce qu'ils embrassent le soubassement ou mur d'allège de la croisée de l'étage auquel on veut arriver, ou simplement la barre d'appui, s'il s'en trouve.

On pourrait construire de ces échelles à un seul montant avec des échelons qui le traversent comme un bâton de perroquet; alors on mettrait à son extrémité un crochet double.

*Nomenclature de tous les objets qu'il est nécessaire d'avoir en magasin, et entretien des pompes et de leurs agrès.*

Afin de laisser le moins possible à désirer sur le service contre les incendies, on va donner la nomenclature des objets qui doivent entrer dans la composition du magasin d'un corps de Sapeurs-Pompiers; et ensuite on dira ce qu'il est nécessaire de faire, pour conserver en bon état, ceux de ces objets qui exigent un entretien particulier.

## 35. NOMENCLATURE.

### ARTICLE I.er

*Pompes et agrès.*

Pompes foulantes.
Pompes aspirantes.
Chariots.
Tamis.
Boudins.
Vis de boudins.
Demi-garnitures.
Lances.

Pièces à deux vis.
Leviers.
Cordages.
Haches.
Chapeaux couverts.
Tuyaux d'aspiration.

### ARTICLE II.

*Objets autres que les pompes, qui servent pour l'extinction des incendies.*

Tonneaux.
Tuyaux à viroles ou à hélice.
Flambeaux.
Fallots de ronde.
Seaux à incendie.
Éponges à main.
Éponges à perche.
Perches à croissant.
Échelles italiennes.
*idem* à crochets.

### ARTICLE III.

*Objets qui servent à entretenir ou à réparer les précédens.*

Roues de chariot de pompe.
Couvertures de pompe.
Tricoises.

Petites esses de chaînes.
Boîtes de raccordement.
Virolles de cuivre à jonction.
Virolles à collet.
Boucles à collet.
Filagore pour ligature.
Clefs à vis anglaises.
Robinets de tonneaux.
Roues de tonneaux.
Goudron.
Sain-doux.
Vieux-oing.
Huile-fine.
Marmite de cuivre ou de fonte pour faire fondre la graisse.
Cuiller pour transvaser la graisse.
Brosses pour les demi-garnitures.

36. On indiquera dans la théorie des exercices des pompes n° 176 et suivans, la manière de démonter toutes leurs pièces pour les nettoyer et les remonter : on prescrira les précautions à prendre, en graissant les parties sur lesquelles s'exerce un frottement, pour empêcher que l'huile ne forme, en se combinant avec le vert de gris, une espèce de cambouis épais qui, venant à sécher ensuite, gênerait beaucoup leurs mouvemens et nuirait par conséquent à la manœuvre.

37. Cette opération doit s'exécuter deux fois

par an pour les pompes qui sont en magasin, et doit en outre être répétée chaque fois qu'une pompe a été mise en manœuvre.

38. On doit graisser les boyaux ou demi-garnitures une ou deux fois par an, selon qu'on le juge nécessaire, et choisir, pour cela, un jour où l'ardeur du soleil puisse faire pénétrer la graisse dans les pores du cuir; on doit ensuite rouler les demi-garnitures en spirale.

39. La graisse dont on se sert est un composé de huit parties de sain-doux, et de deux parties de goudron; cette dernière matière doit être bien mélangée avec le sain-doux; elle n'entre dans la composition que pour empêcher, par son odeur et son goût, les vers et les rats de détruire les boyaux.

40. Lorsque les pompes sont remisées, armées et prêtes à être transportées aux incendies, elles doivent être recouvertes de toiles qu'on appelle couvertures, afin que la poussière ne tombe pas sur les parties grasses et ne s'y attache pas; indépendamment de cette précaution, on doit de tems en tems lever ces couvertures, pour ôter de dessus les parties apparentes de la pompe et de dessus les boyaux, la poussière qui pourrait avoir passé au travers du tissu : on parerait à ce nouvel inconvénient en mettant sur la toile dont ces

couvertures sont faites, un léger enduit de goudron, qui aurait le double avantage de les préserver de la poussière et de l'humidité.

41. Les tonneaux doivent être entretenus constamment pleins d'eau, afin d'éviter que les douves de dessus ne soient alternativement sèches et humides, et ne pourrissent promptement; ils doivent aussi être repeints avec soin, dès qu'on s'aperçoit qu'ils en ont besoin; ce léger entretien en augmente beaucoup la durée.

42. Il serait à désirer que pendant l'hiver les tonneaux fussent placés sous des voûtes où la température fut assez élevée pour que l'eau n'y gelât pas, ce qui donnerait la faculté de se servir des tonneaux, même pendant les plus grands froids; alors on n'aurait pas à craindre que l'eau qui, dans l'état de glace est plus volumineuse que dans celui de fluide, fît écarter les douves et briser les cercles; crainte qui n'est pas sans fondement, puisque les robinets en cuivre sont eux-mêmes sujets à crever lorsque l'eau qu'ils contiennent se gèle.

43. Lorsque les tonneaux ne sont pas placés sous des voûtes ou dans des endroits que l'on puisse chauffer, on les préserve ordi-

nairement de la gelée en les couvrant de fumier, ainsi que leurs robinets, qu'on a soin de visiter souvent et qu'on fait dégeler par l'action du feu, quand cette précaution a été insuffisante.

Les roues des tonneaux et des pompes doivent être graissées une fois par an, et plus souvent s'il le faut.

44. Tous les autres objets portés dans la nomenclature doivent être classés avec ordre dans le magasin et placés de manière à être à l'abri de la poussière et de l'humidité; la personne chargée de leur conservation, les visitera souvent, afin de les nettoyer et essuyer toutes les fois qu'ils en auront besoin.

### *Considérations sur la nécessité de construire d'une manière uniforme toutes les pompes et leurs agrès.*

45. Il serait à désirer que toutes les pompes à incendie, que l'on fera construire à l'avenir pour le service des communes, fussent établies sur un seul et même modèle, et que les pièces qui les composent, fussent d'un même calibre, comme cela à lieu pour les armes à feu; on en tirerait les avantages suivans :

1°. Dans un endroit où il n'y a qu'une seule pompe, lorsqu'une de ses pièces serait défectueuse, il suffirait, s'il n'y avait pas dans le pays d'ouvrier capable de la fabriquer, d'en faire demander une pareille dans quelque commune voisine, sans être obligé d'envoyer les dimensions ni même de rien expliquer, puisque le nom de la pièce suffirait.

2°. Dans un incendie où deux pompes manœuvreraient à la fois, si des pièces différentes venaient à manquer dans l'une ou dans l'autre, on pourrait en rétablir une sur-le-champ, en prenant dans la plus endommagée des deux, les pièces nécessaires à la réparation de l'autre.

3°. Enfin, les pompes de plusieurs communes se trouvant réunies dans un grand incendie, quand une d'elles serait hors de service, ses pièces pourraient être utilisées, en les faisant servir de pièces de rechange pour toutes les autres.

# CHAPITRE II.

## EXERCICE RÉGULIER

### POUR LA MANOEUVRE DES POMPES A INCENDIE.

46. Pour les manœuvres d'une pompe à incendie, il faut trois sapeurs.

47. DÉNOMINATION DES SAPEURS.

Un chef.
Un premier servant.
Un second servant.

Lorsque l'on fera la manœuvre à l'eau, on emploiera en outre huit travailleurs ; il en sera parlé à la troisième leçon.

## PREMIÈRE PARTIE.

### PREMIÈRE LEÇON.

La première leçon comprend les mouvemens, la pompe étant sur son chariot.

*Position des hommes lorsque la pompe est chargée sur son chariot, la flèche à terre, et disposition de son armement.*

48. Le chef est placé à un pied en arrière du chariot du côté gauche de la pompe, le premier servant à la gauche de la flèche et le second à la droite, les pieds à six pouces de la traverse de la flèche, en dedans, tous trois faisant face en avant.

49. Les deux tamis sont posés sur le balancier, le boudin et les deux demi-garnitures montés sur la pompe et pliés en long et en travers par dessus ces tamis, la lance vissée sur la deuxième demi-garniture ; la pièce à deux vis placée sur le patin ; les deux leviers, placés le long de l'entablement et reposant sur la bâche ; le cordage plié dans la bâche du côté gauche ; la hache attachée au heurtoir, son manche posant sur le tablier du chariot, et les deux échelles placées sur les côtés du chariot au-dessus des moyeux.

50. L'instructeur voulant faire placer les hommes, comme il a été indiqué au n° 48, commandera :

*A vos postes.*

51. L'instructeur voulant faire lever la flèche, commandera :

1. *Garde-à-vous.*
2. *Sapeurs.*
3. *Au levage.*

52. Au premier commandement, les trois hommes fixeront leur attention.

53. Au deuxième, ils prendront la position du soldat sans armes.

54. Au troisième, le chef ne bougera pas, les deux servants se baisseront, saisiront vivement et simultanément la traverse de la flèche et la lèveront à hauteur de ceinture.

*Conversions de pied ferme, dans la position de la marche en avant, la pompe étant sur son chariot.*

55. L'instructeur voulant faire converser à droite ou à gauche, commandera :

1. *Tournez à droite* ( ou *à gauche* ).
2. *Marche.*

56. Au premier commandement, le chef portera la main gauche sur la bande de la roue du côté gauche pour tourner à droite, et saisira le rais supérieur de cette même roue le plus approchant de la position verticale, pour tourner à gauche ; dans l'un et l'autre cas il portera la main droite au cordon de la

bâche, et se fendra du pied gauche à dix-huit pouces en avant et six pouces sur l: gauche.

57. Au deuxième commandement, le chef poussera la roue si l'on tourne à droite, e la retiendra si l'on tourne à gauche; le deux servants décriront un quart de cercl en partant vivement du pied qui se trouvera du côté de la direction.

58. Ce mouvement étant achevé, ils re prendront tous les trois la position qu'il avaient avant de le commencer.

59. Si l'instructeur veut faire exécuter u demi-tour à droite ou à gauche, il comman dera :

1. *Demi-tour à droite* ( ou *à gauche* ).
2. *Marche.*

60. Au premier et au deuxième comman dement, le chef et les deux servants exécute ront ce qui est prescrit pour tourner à droit ou à gauche, en observant que l'on doit dé crire un demi-cercle au lieu d'un quart d cercle.

61. Si l'instructeur veut faire exécuter l mêmes manœuvres dans la position de l marche en arrière, il commandera :

1. *En arrière.*

2. *Tournez à droite* ( ou *à gauche*).
3. *Marche.*

62. Au premier commandement , le chef passera de l'arrière à l'avant, du côté gauche de la pompe , et se placera entr'elle et la traverse de la flèche à un pied du chariot ; les deux servants passeront du dedans au dehors de la traverse de la flèche , en ayant soin de la maintenir à hauteur de ceinture , le premier de la main droite et le second de la main gauche , alignant leurs pieds à 9 pouces en avant de la traverse , de manière qu'après l'avoir prise à deux mains , chacun de son côté , ils aient le haut du corps en avant , tous trois faisant face en arrière.

63. Au deuxième commandement, le chef portera la main gauche sur le cordon de la bâche , et la main droite au rais supérieur de la roue gauche pour tourner à droite , et sur la bande de la même roue pour tourner à gauche ; dans l'un et l'autre cas il se fendra du pied droit à dix-huit pouces en avant et six pouces sur la droite.

64. Au troisième commandement, le chef retiendra la roue si l'on tourne à droite et la poussera si l'on tourne à gauche ; les deux servants se porteront vers la gauche pour tourner à droite, et vers la droite pour

tourner à gauche ; dans le premier cas ils partiront du pied gauche et dans le second du pied droit, en se conformant à ce qui est prescrit pour tourner à droite ou à gauche, dans la position de la marche en avant, pour la mesure de la conversion et la position qu'il faut reprendre lorsque le mouvement est achevé.

1. *Demi-tour à droite* ( ou *à gauche* ).
2. *Marche.*

65. Comme pour tourner à droite ou à gauche, en observant que la conversion doit être de la moitié du cercle.

### MARCHES DIVERSES.

66. Après ce qui vient d'être fait, les hommes se trouvent placés pour marcher en arrière, et l'instructeur voulant les faire marcher en avant, commandera :

1. *En avant.*
2. *Marche.*

67. Au premier commandement, le chef passera de l'avant à l'arrière, les deux servants passeront du dehors au dedans de la traverse de la flèche, pour reprendre la position de la marche en avant par les moyens inverses de ceux que l'on emploie pour prendre celle de la marche en arrière.

68. Au deuxième commandement, le chef portera la main droite sur le cordon de la bâche afin de pousser la pompe et en accélérer la marche, et la gauche sur la bande de la roue pour lui imprimer un premier mouvement; il partira en même tems du pied gauche, ainsi que les deux servants.

69. Lorsque le trajet sera long, le chef pourra changer de main en se transportant du côté opposé; il devra se tenir préférablement du côté où le pavé sera plus bas lorsque l'on marchera sur un terrain incliné.

70. Lorsque l'instructeur ne fera point les commandemens; *pas accéléré* ou *pas de course;* on marchera au pas ordinaire.

### *Conversions en marchant.*

71. Dans la marche en avant, ou dans celle en arrière, l'instructeur commandera :

1. *Tournez à droite* (ou *à gauche*).
2. *Marche.*

72. Au commandement de marche, on exécutera ce qui est prescrit pour les conversions de pied ferme, mais le chef ne portera pas la main à la roue et passera du côté de la conversion, s'il n'y est pas déjà, afin d'empêcher la pompe de verser. On observera que la roue placée du côté de la conversion ne

doit pas pivoter, mais bien décrire un quart de cercle et l'on reprendra la marche en avant ou la marche en arrière, lorsque la conversion sera achevée.

73. L'instructeur voulant faire passer de la marche en avant à celle en arrière, commandera :

1. *Sapeurs.*
2. *Halte.*
3. *En arrière.*
4. *Marche.*

74. Au deuxième commandement, qui sera fait à l'instant où l'un des deux pieds indifféremment posera à terre, les deux servants retiendront la traverse de la flèche à eux, en redressant le haut du corps ; le chef quittera le cordon de la bâche ; tous les trois apporteront le pied qui est derrière à côté de l'autre.

75. Au troisième commandement, on fera ce qui est prescrit pour passer de la position de la marche en avant à celle de la marche en arrière.

76. Au quatrième commandement, on fera ce qui est prescrit au n°. 68, excepté que le chef portera la main droite à la roue et la gauche au cordon de la bâche.

77. La pompe étant arrêtée, après le commandement *halte*, fait dans la marche en avant ou dans celle en arrière, si l'instructeur veut faire mettre la flèche à terre, il commandera :

*Flèche à terre.*

78. Les deux servants se baisseront, poseront la flèche à terre et reprendront ainsi que le chef, la position du soldat sans armes.

79. Si ce dernier commandement est exécuté après la marche en arrière, on pourra faire relever la flèche par le commandement *au levage*, sans que les hommes changent de position.

80. Lorsque l'instructeur voudra faire marcher sans changer la position des hommes, il commandera :

1. *En avant* (ou *en arrière*).
2. *Marche.*

81. Au premier commandement, les hommes ne bougeront pas.

82. Au deuxième commandement, ils partiront du pied gauche.

83. Lorsque l'instructeur voudra faire passer de l'état d'attention à l'état de repos, il commandera :

*Repos.*

84. A ce commandement, les sapeurs ne seront plus tenus à garder l'immobilité ni leurs positions.

85. L'instructeur voulant leur faire reprendre l'une et l'autre fera les commandemens suivants.

1. *A vos postes.*
2. *Garde à vous.*
3. *Sapeurs.*

86. Au premier commandement, ils prendront les positions prescrites.

87. Au deuxième, ils fixeront leur attention.

88. Au troisième, ils garderont l'immobilité.

89. Lorsqu'on ne voudra que faire reposer les sapeurs sans leur faire quitter leurs positions on commandera :

*En place. — Repos.*

90. A ce commandement, les sapeurs ne seront plus astreints à conserver l'immobilité, mais ils conserveront toujours leurs positions.

## DEUXIÈME LEÇON.

La deuxième leçon comprend l'exercice en cinq tems, et la manière de faire mouvoir une pompe en divers sens lorsqu'elle a été mise à terre.

91. La pompe étant sur son chariot, et la flèche à terre, l'instructeur, avant de faire exécuter l'exercice en cinq temps, fera reconnaître, par le commandement suivant, les positions qu'il faudrait occuper, dans le cas où il ferait exécuter l'établissement en cinq temps.

*En reconnaissance.*

92. A ce commandement, le chef prendra la hache, le premier servant le cordage; tous deux iront reconnaître les positions que l'instructeur leur indiquera; lorsqu'elles seront reconnues, le chef laissera auprès du point où doit être formé l'établissement, la hache et le cordage ou l'un d'eux selon le besoin; dans le cas où ces objets seraient inutiles, on les rapporterait près de la pompe, et l'on reprendra la première position; le second servant ne bougera pas.

L'instructeur commandera ensuite :

## *Exercice en cinq temps.*

1. *En manœuvre.*

93. Le chef se portera à l'avant en dehors de la traverse de la flèche, faisant face à la

pompe, il observera, s'il se trouve placé à l'arrière, de passer par le coté gauche, en décrivant un demi-cercle ; les deux servants se porteront par le chemin le plus court, de la flèche aux roues de la pompe, le premier en faisant un à gauche et le second un à droite, vis-à-vis et environ à six pouces des moyeux, faisant aussi face à la pompe; chacun prendra de son côté le montant supérieur de l'échelle dans les deux mains, l'une auprès du second échelon et l'autre auprès du quatrième ; les ongles en dessus, la sortira des crochets en l'enlevant, la fera passer par dessus la roue, la placera près de la pompe, et reviendra ensuite vis-à-vis la roue; le chef et les deux servants prendront la position du soldat sans armes.

2. *Déchaînez.*

94. Le chef se fendra en avant du pied gauche, le posera sur la flèche, le talon à hauteur de la traverse, courbera brusquement le corps, détachera, de la main droite, la chaîne de l'avant, qu'il attachera au crochet placé à l'avant de l'entablement et reprendra sa première position ; les deux servants se porteront à l'arrière à hauteur de la barre d'arrêt; le premier ôtera la clavette, enlèvera l'extrémité de la barre de la main droite et

la passera au second servant qui, la recevant de la main gauche, la fixera sur la patte à tige placée sur le flasque du chariot.

3. *Au levage.*

95. Le chef se baissera, saisira la traverse de manière à avoir l'extrémité de la flèche entre les deux mains, et la lèvera à hauteur de ceinture; à cet instant le premier servant placera la main droite sur le milieu du cordon de la bâche, la gauche à la partie cintrée du côté de l'avant, et se fendra du pied droit à un pied de distance du gauche; le second servant placera la main gauche sur le milieu du cordon de la bâche, la droite à la partie cintrée aussi du côté de l'avant et se fendra du pied gauche à un pied de distance du droit.

4. *Pompe à terre.*

96. Le chef levera la traverse de la flèche au-dessus de sa tête autant que la longueur de ses bras le lui permettra et ne l'abandonnera, autant que possible, que lorsque l'arrière du chariot sera arrivé à terre; aussitôt il placera vivement son épaule droite sous la flèche, la main gauche à la naissance du heurtoir, et saisira, de la main droite, le talon du heurtoir; pendant ce mouvement les

deux servants appuieront sur la bâche afin d'empêcher la pompe de faire la bascule.

5. *Otez le chariot.*

97. Le chef entraînera le chariot à quelques pas, le laissera, et reviendra promptement se placer à l'avant de la pompe lui faisant face ; pendant ce mouvement, les deux servants laisseront glisser la pompe jusqu'à terre, et se placeront ensuite sur les flancs de la pompe lui faisant face.

*Observation.*

98. Lorsque la hache, le cordage et les échelles ne seront pas utiles à l'établissement, le chef ira placer la hache et le cordage sur le chariot, et les deux servants replaceront les échelles sur les crochets.

## Changement de position de la pompe.

99. Les principes pour faire mouvoir une pompe dans divers sens et pour la faire avancer d'une place à une autre, lorsqu'elle aura été mise à terre, sont applicables : 1°. au cas où elle n'aura pas pu être transportée sur son chariot, à la place désignée pour son établissement. 2°. A celui où la pompe étant établie, il s'agit de la transporter dans un

autre lieu ; dans ce dernier cas, on démonte les boyaux et l'on attache le boudin à la pompe, afin que la vis ne traîne pas à terre.

*Conversions de pied ferme.*

100. La pompe étant à terre le chef et les deux servants placés comme après avoir ôté le chariot, voyez le n°. 97, et l'instructeur voulant faire converser à droite, commandera :

1. *Tournez à droite.*
2. *Marche.*

101. Au premier commandement, le chef se baissera, prendra l'extrémité de la chaîne de l'avant avec la main gauche, les ongles en dessous, portera la droite à dix-huit pouces de la gauche, les ongles en dessus, déboîtera à gauche, se placera de manière que sa chaîne forme un angle droit avec le côté du patin, et se fendra du pied gauche à dix-huit pouces sur la gauche, en portant le poids du corps sur la jambe gauche ; le premier servant déboîtera à droite, se baissera, saisira la chaîne de son côté comme le chef a saisi celle de l'avant, la dirigeant aussi d'équerre avec le côté du patin, fera un à gauche et se fendra du pied gauche de la même

manière que le chef; le second servant posera les mains sur la pompe pour l'empêcher de verser.

102. Au deuxième commandement, le chef et le premier servant tireront sur les chaînes en partant du pied droit et feront faire un quart de cercle à la pompe; le second servant suivra le mouvement de la pompe.

103. Dans les conversions de pied ferme, après l'exécution du commandement *marche,* on accrochera les chaînes à l'entablement et l'on reprendra la position que l'on avait avant le premier commandement; il en sera de même après le commandement *halte,* dans la marche en avant ou en arrière.

104. L'instructeur voulant faire converser à gauche, commandera:

1. *Tournez à gauche.*
2. *Marche.*

105. Au premier commandement, le chef se baissera, prendra l'extrémité de la chaîne de l'avant avec la main droite, les ongles en dessous, portera la gauche à dix-huit pouces de la droite, les ongles en dessus, déboîtera à droite, se placera de manière que sa chaîne forme un angle droit avec le côté du

patin et se fendra du pied droit à dix-huit pouces sur la droite, en portant le poids du corps sur la jambe droite; le premier servant fera tout ce qui est prescrit pour le second dans l'exécution du commandement précédent; le second servant déboîtera à gauche, se baissera, saisira la chaîne de son côté, comme le chef a saisi celle de l'avant, la dirigeant aussi d'équerre avec le côté du patin, fera un à droite, et se fendra du pied droit de la même manière que le chef.

106. Au deuxième commandement, le chef et le second servant partiront du pied gauche en tirant sur les chaînes, et le premier servant suivra le mouvement de la pompe.

107. On fera demi tour à droite ou à gauche par les moyens employés pour tourner à droite ou à gauche, en observant que pour ce mouvement il faut décrire la moitié du cercle au lieu du quart.

### Marches diverses.

108. La pompe étant toujours à terre, et l'instructeur voulant faire exécuter la marche en avant commandera :

1. *En avant.*
2. *Marche.*

109. Au premier commandement, le chef prendra sa chaîne, comme pour tourner à droite, fera un à gauche, se portera en avant en se fendant du pied gauche à dix-huit pouces sur la gauche et portant le poids du corps sur la jambe gauche; le premier servant déboîtera à droite, prendra sa chaîne comme le chef a pris la sienne, et, sans faire un à gauche, se portera en avant comme celui-ci: le second servant fera comme le premier, excepté qu'il déboîtera à gauche et placera la main droite à l'extrémité de la chaîne, la gauche à dix-huit pouces de la droite et se fendra du pied droit.

110. Au deuxième commandement, tous trois partiront du pied qui se trouvera en arrière, en tirant en avant sur les chaînes, jusqu'au commandement *halte.*

111. L'instructeur voulant faire exécuter la marche en arrière commandera:

1. *En arrière.*
2. *Marche.*

112. Au premier commandement, le chef posera les mains sur le *té* du balancier, en l'inclinant sur l'avant, si les boyaux sont développés et se fendra en arrière du pied droit; les deux servants déboîteront, le premier à

droite et le second à gauche, se baisseront, saisiront les chaînes comme dans la marche en avant, en appliquant au premier ce qui est prescrit pour le second et réciproquement, puis se porteront en arrière en se fendant le premier sur la droite, et le second sur la gauche.

113. Au deuxième commandement, le chef poussera de ses deux mains en partant du pied qui se trouvera en arrière, ainsi que les deux servants qui tireront sur les chaînes.

*Conversions en marchant.*

114. Dans la marche en avant, ainsi que dans celle en arrière, on pourra faire changer de direction à droite ou à gauche; à cet effet l'instructeur commandera :

1. *Tournez à droite* (ou *à gauche*).
2. *Marche.*

115. Au deuxième commandement, le chef et les deux servants décriront un arc de cercle. Dans la marche en arrière, le chef facilitera la conversion en faisant tourner l'avant de la pompe.

*Observations relatives à cette leçon.*

116. Comme les marches en avant et en arrière et les conversions en marchant sont

pénibles, on devra faire exécuter ces mouvemens le moins long-tems possible, et faire les conversions de pied ferme lorsque le terrain présentera quelques difficultés pour les faire en marchant.

## TROISIÈME LEÇON.

### ÉTABLISSEMENT ET MANOEUVRE DE LA POMPE.

117. La pompe ayant été mise à terre, l'instructeur voulant la faire établir et manœuvrer, commandera :

*Etablissement en cinq temps.*

1. *Démarrez.*

118. Le chef passera de l'avant à l'arrière, saisira la lance auprès de la boite, de la main gauche, et les boyaux à deux pieds de la lance, de la main droite; les deux servants déferont les boucles des courroies, chacun prenant celle qui est à sa droite.

2. *Otez la lance.*

119. Le chef retirera la lance de dessous les boyaux et défera le dernier pli; les deux servants retireront les leviers par l'avant et les placeront le long des semelles du patin,

chacun s'occupant de celui qui est placé de son côté ; ensuite ils passeront les bras sous les boyaux l'un en face de l'autre, les sortiront de la bâche et les jetteront du côté de la sortie et à la gauche du premier servant.

3. *Développez.*

120. Le chef se portera à la place qui lui aura été indiquée par l'instructeur ; le premier servant l'aidera en allongeant et disposant les boyaux suivant l'ordre qu'exigera l'établissement indiqué au chef ; le second servant défera les premiers plis croisés sur le balancier : tous les deux s'occuperont aussi à redresser les boyaux qui auraient pu se tordre ou former des coudes. Le premier servant laissera le soin de la première demi-garniture au second servant qui ne devra pas la dépasser, attendu qu'il doit toujours voir la pompe, et ne la laisser emplir ni mouvoir avant son commandement ; mais il fera réunir des seaux pleins en quantité suffisante pour ce service, et les fera placer de manière à ne pas gêner la manœuvre.

4. *Fixez l'établissement.*

121. Le chef resserrera la lance et la posera à terre, se portera au collet le plus rapproché de lui, et le fixera s'il est néces-

saire ; le premier servant fixera les autres collets et resserrera les vis s'il le faut ; le second servant posera les tamis, fera emplir la bâche, placera les leviers, inclinera le balancier jusqu'à ce que l'une de ses extrémités touche l'entablement (1) ; resserrera le boudin s'il est desserré : ensuite il fera placer quatre hommes à chaque extrémité du balancier, vis-à-vis les leviers ; tous faisant face à la pompe (2).

5. *Prenez vos positions.*

122. Le chef reviendra près de la lance, se placera de manière qu'elle se trouve à sa droite ainsi que les boyaux, la relevera par le bout et de la main gauche, mettant le pouce sur l'orifice ; le premier servant se tiendra entre le chef et la pompe pour transmettre les ordres de celui-ci au second ser-

(1) Avant comme après la première manœuvre, le balancier devra toujours être incliné sur l'une des extrémités de l'entablement, car si on le laissait dans une position horizontale, on risquerait, lors du commencement ou de la reprise de la manœuvre, que les travailleurs ne sachant pas de quel côté on doit commencer à appuyer, agissent en même temps chacun de leur côté et que leurs forces se fissent équilibre, en sorte que la pompe resterait dans l'inaction.

(2) La pompe doit être placée, autant que possible, sur un terrain uni et solide, et assez accessible pour que l'arrivage de l'eau ne soit point obstrué : les boyaux doivent être placés de manière à n'être pas foulés aux pieds.

vant, qui sera près des travailleurs auxquels il fera saisir les leviers, de manière que ceux placés au centre aient une branche du *té* entre les deux mains.

123. L'instructeur voulant faire exécuter la manœuvre réelle ou simulée donnera un coup de sifflet; le second servant fera le commandement *manœuvrez*.

124. Les travailleurs placés à l'extrémité du balancier qui ne touche pas l'entablement, appuieront jusqu'à ce qu'elle le touche; les quatre autres laisseront monter leur levier, sans chercher à faciliter son mouvement; et appuieront à leur tour pour remettre le balancier dans la position qu'il vient de quitter; et ainsi de suite. Ce mouvement alternatif sera enseigné aux travailleurs par le second servant, et se continuera jusqu'au commandement *halte*, qui sera fait par le second servant, après le coup de sifflet de l'instructeur.

125. Le chef lèvera de temps en temps le pouce de dessus l'orifice, pour laisser passer l'air qui se trouve dans les boyaux et qui est chassé avec force lorsque la manœuvre commence; au moment où l'eau arrivera, il élevera la main gauche, prendra la boîte

de la lance de la main droite, descendra ensuite la gauche vers le milieu de la longueur et dirigera la lance sur le point qui lui sera indiqué par l'instructeur.

126. Lorsque l'instructeur voudra faire cesser la manœuvre, il donnera un coup de sifflet ; alors le second servant commandera *halte*.

127. A ce commandement qui devra être fait au moment où l'une des extrémités du balancier indistinctement touchera l'entablement, les travailleurs cesseront d'agir et laisseront leurs mains sur les leviers.

128. Lorsque l'on jugera à propos de changer la pompe de place, on commandera :

*A la pompe.*

129. A ce commandement, le chef et les deux servants se placeront comme ils étaient après avoir ôté le chariot.

## QUATRIÈME LEÇON.

*Principes pour mettre la pompe en état d'être rechargée sur son chariot, et pour l'y placer.*

130. La pompe ayant été manœuvrée, et l'instructeur voulant la faire mettre en état d'être rechargée sur son chariot avec son armement, commandera :

1. *Démontez.*

131. Le chef démontera la lance en posant le pied gauche sur le boyau à quatre pouces du raccordement, la main gauche sur la lance près de la boîte et la droite vers le milieu de la longueur, en tournant de droite à gauche; ensuite il détachera le collet le plus rapproché de lui s'il a été fixé; le premier servant démontera le raccordement qui réunit les deux demi-garnitures en tenant la vis de la main gauche et la boîte de la main droite, et détachera les autres collets; le second démontera de la même manière celui qui joint la première demi-garniture au boudin qu'il remplacera par la pièce à deux vis; et ensuite inclinera le balancier sur l'arrière de l'entablement (1).

2. *Videz les demi-garnitures.*

132. Le chef reviendra près de la pompe avec sa lance qu'il posera à terre et placera les leviers et les tamis auprès; le pre-

(1) Lorsqu'on a dévissé le boudin ou la pièce à deux vis pour remplacer l'un par l'autre, il faut avoir soin de n'imprimer aucun mouvement aux corps de pompe, afin que le tuyau de sortie se présente directement à l'ouverture pratiquée dans la bâche. Dans le cas où le tuyau de sortie serait dérangé, on pourrait le replacer au moyen de l'extrémité d'un levier que l'on introduirait en appuyant de manière à le ramener dans une position directe.

mier et le second servant prendront chacun une demi-garniture à six pieds de la boîte, éleveront les bras après l'avoir saisie des deux mains distantes l'une de l'autre d'un pied et demi, après quoi ils marcheront du côté de la plus grande longueur du boyau, en le faisant passer d'une main dans l'autre alternativement et de manière que chaque partie ait passé à son tour par le point le plus élevé et soit, par conséquent, dégagée de l'eau qu'elle contenait, ensuite ils les rapprocheront de la pompe. Tous trois se placeront comme après avoir ôté le chariot.

3. *Abattez sur l'arrière.*

133. Le chef et les deux servants exécuteront les deux premiers temps du chargement; le chef se portera derrière la pompe, lui faisant face, et saisira le *té* du balancier qui se trouve le plus élevé; ensuite le chef et les deux servants renverseront la pompe de manière à la faire porter sur le *té* de l'arrière et jusqu'à ce que la bâche soit assez inclinée pour que l'eau qu'elle contient puisse en sortir.

4. *Lavez.*

134. Le chef quittera le balancier, jettera plusieurs seaux d'eau dans la bâche et re-

tirera les ordures que l'eau n'aurait pas entraînées ; ensuite les deux servants la releveront jusqu'à ce que l'arrière du patin touche à terre.

5. *Mettez à terre.*

135. Le chef se portera en avant faisant face aux semelles, posera ses mains sur le devant du patin pour maintenir la pompe en équilibre, pendant que les deux servants changeront de main ; tous trois mettront la pompe à terre, le chef tenant la chaîne de l'avant et les deux servants tenant les poignées de fer placées sur le devant du patin ; ensuite le chef fera mettre de l'eau propre dans la bâche.

6. *Videz la pompe.*

136. Le chef se placera à gauche en face de la sortie, les deux servants se porteront aux extrémités du balancier, le premier à l'arrière, le second à l'avant, saisiront chacun les deux branches du *té* à deux mains, manœuvreront la pompe jusqu'à ce que l'eau en sorte aussi claire qu'elle y est entrée et continueront de manœuvrer afin que l'air aspiré et comprimé fasse sortir le peu d'eau qui serait resté dans le récipient ; ensuite le chef prendra le balancier à deux mains,

l'une à six pouces en avant de l'arbre, et l'autre à six pouces en arrière, les ongles en dessus, pour soutenir la pompe pendant que les deux servants l'inclineront doucement sur le côté gauche, en la maintenant de manière que la bâche et la pièce à deux vis ne touchent pas à terre, pendant que le récipient se videra; ensuite ils la redresseront sans changer leurs mains de place (1).

7. *Remontez.*

137. Le chef retirera la pièce à deux vis et la vissera dans la boîte à ce destinée, par le bout du large bord; le premier servant lui donnera le boudin, le chef le montera sur la sortie; le second servant placera les tamis sur le balancier; ensuite le chef et le premier servant monteront la première demi-garniture sur le boudin, le chef tenant la boîte de la demi-garniture et le premier servant la vis du boudin (2).

---

(1) Si ces précautions sont nécessaires dans toutes les saisons pour empêcher le vert de gris de s'attacher au cuivre, elles le sont encore plus en hiver, attendu que l'eau que l'on laisserait séjourner dans les corps de pompe, gêlerait et empêcherait le jeu des clapets.

(2) La demi-garniture montée sur le boudin est celle qu'on nomme *la première*, celle qui est montée sur la première, *la seconde*, et ainsi de suite.

8. *Pliez les demi-garnitures.*

138. Les deux servants se placeront aux extrémités du balancier, le premier à l'arrière et le second à l'avant, et formeront des plis croisés passant dessus et dessous les *tés* du balancier, en commençant par la branche gauche du *té* à l'avant; le chef étendra les boyaux alternativement de l'avant à l'arrière; lorsque la première sera placée, le chef, aidé du servant qui se trouvera du côté de la vis, y raccordera la seconde, et lorsque celle-ci sera pliée, il montera la lance.

9. *Amarrez.*

139. Le chef passera la lance sous le dernier pli des boyaux, le premier servant y placera son levier par le gros bout et par l'arrière, le second en fera autant après s'être placé au flanc droit de la pompe; ensuite ils amarreront les boyaux, les leviers et la lance au moyen des courroies; le chef ira chercher la hache qu'il placera sur le chariot et le cordage qu'il mettra dans la bâche; les deux servants iront prendre les échelles et les apporteront près de la pompe; tous trois prendront les positions prescrites au n° 97, après avoir ôté le chariot.

*Observations.*

140. Toutes les vis, boîtes et écroux se montent en tournant la main de gauche à droite, et se démontent en la tournant de droite à gauche ; tous les raccordemens seront montés par deux hommes, l'un tiendra la vis dans une position fixe et l'autre la boîte qu'il tournera ainsi qu'il a été dit. Néanmoins un seul homme peut aussi les monter, mais cela demande bien plus de temps ; à cet effet il tient la vis de la main gauche et la boîte de la main droite. Soit que ces raccordemens se montent par un ou deux hommes, on les tiendra toujours dans une position horizontale.

*Chargement de la pompe sur son chariot.*

141. L'instructeur voulant faire charger la pompe sur son chariot, commandera :

## *Chargement en neuf temps.*

1. *Chargez.*

142. Le chef se baissera et saisira la chaîne de l'avant le plus près possible de l'esse, le premier servant fera un à gauche et le second un à droite, tous deux se porteront à hauteur des poignées du patin, se baisseront,

les saisiront, le premier de la main droite, la paume de la main et les ongles vers lui et le second de la main gauche et de la même manière.

2. *Au levage.*

143. Tous trois leveront l'avant de la pompe à hauteur de ceinture; ensuite le premier servant remplacera la main droite par la gauche, fera un à droite, saisira le cordon de la bâche de la main droite, se fendra de la jambe droite, à dix-huit pouces sur la droite, et ouvrira la pointe du pied gauche ; le second servant fera comme le premier, mais dans un sens inverse et tous deux continueront de lever la pompe jusqu'à ce qu'elle soit en équilibre ; pendant ce temps le chef jettera la chaîne sur le patin qu'il saisira des deux mains les ongles en dessus, la paume de la main appuyée dessous pour aider le mouvement.

3. *Amenez le chariot.*

144. Le chef quittera le patin, prendra le chariot par la traverse de la flèche, le placera sous la pompe par les moyens employés pour l'ôter, le poussera le plus avant possible avec le pied droit qu'il posera sur l'essieu.

4. *Posez la pompe.*

145. Les deux servants poseront la pompe sur le chariot, quitteront les poignées, saisiront aussitôt chacun une roue, le premier de la main gauche et le second de la main droite.

5. *Saisissez les poignées.*

146. Le premier servant passera, de la main droite, la chaîne au chef, qui l'attachera bien tendue au crochet placé sur la flèche à la naissance du heurtoir ; ensuite les deux servants se porteront auprès des poignées de l'arrière, chacun de son côté, faisant face en avant et joignant les talons, et les saisiront de la même main qui était placée sur le cordon de la bâche.

6. *A la flèche.*

147. Le chef se portera à hauteur de la traverse et la saisira des deux mains.

7. *Abattez la flèche.*

148. Le chef portera le pied droit sur le chariot auprès du heurtoir, quittera la terre du pied gauche afin que par le poids de son corps il aide à abattre la flèche qu'il maintiendra à hauteur de ceinture ; en même

temps les deux servants leveront ensemble l'arrière de la pompe en tirant fortement sur les chaînes ; ensuite les deux servants abandonneront leurs chaînes derrière le chariot, le premier se placera entre la pompe et la traverse de la flèche et saisira la chaîne de l'avant de la main droite à un pied de distance de la patte à crochet; le second se portera à l'arrière et placera ses mains sur le patin.

8. *Flèche à terre.*

149. Le chef posera doucement la flèche à terre, et mettra le pied gauche dessus l'extrémité, le talon à terre afin d'empêcher le chariot d'avancer; le premier servant tirera sur la chaîne et le second poussera la pompe.

9. *Enchaînez.*

150. Le chef avancera le pied gauche sur la flèche, se baissera, prendra la chaîne de l'avant, l'attachera au crochet de la flèche et placera la hache sur le tablier du chariot; les deux servants se porteront sur les flancs de la pompe à hauteur de la barre d'arrêt, le second la passera de la main gauche au premier servant qui, la recevant de la main

droite, en fixera l'extrémité sur la patte à piton placée de son côté et mettra la clavette. Chaque servant placera de son côté une échelle sur le flasque du chariot; à cet effet il se présentera devant la roue, portant l'échelle dans un plan vertical le montant supérieur tenu horizontalement dans les deux mains, les ongles en dessus, l'une placée auprès du second échelon, l'autre auprès du quatrième, la partie la plus large de l'échelle à l'arrière : ensuite il la passera par dessus la roue, en l'inclinant vers l'avant de la pompe; fera entrer les montants dans les crochets, de manière que le dernier échelon soit pris dans la partie supérieure du crochet double; tous trois prendront ensuite les positions prescrites par le commandement *à vos postes.*

## CINQUIÈME LEÇON.

*Manœuvre particulière à la pompe aspirante.*

151. La manœuvre des pompes aspirantes est à peu près la même que celle des pompes foulantes, elles ne diffèrent entr'elles que par l'addition du tuyau appelé *aspiral*, il ne s'agit donc que de décrire la maniere d'en faire usage.

152. Lorsqu'une pompe aspirante sera arrivée au lieu où l'on voudra la mettre en manœuvre et qu'on aura exécuté l'exercice en cinq temps et le premier temps de l'établissement, l'instructeur commandera :

*Enlevez l'aspiral.*

153. Le chef se portera du côté opposé à la sortie, le premier servant sur l'arrière et le second sur l'avant, ils enlèveront l'aspiral et le poseront à terre du côté du chef ; on exécutera ensuite les 2e, 3e et 4e temps de l'établissement, excepté le remplissage de la bâche, et l'instructeur commandera :

*Montez l'aspiral.*

154. A ce commandement, le chef retirera la tête d'arrosoir qui est fixée sur la courbe d'aspiration et la montera sur la vis de l'aspiral, ensuite il vissera la boîte de l'aspiral sur la courbe d'aspiration ; le premier servant maintiendra l'aspiral dans une position verticale, en le tenant à deux mains, à la hauteur du balancier, afin que la boîte ne se dérange pas pendant que le chef la tournera ; le second tiendra l'extrémité de l'aspiral qu'il plongera dans l'eau à 15 ou 18 pouces de sa surface lorsqu'il sera monté ; ensuite on exécutera le 5me temps de l'établissement.

155. Après la manœuvre de la pompe et lorsqu'on aura vidé les demi-garnitures, l'instructeur voulant faire démonter l'aspiral, commandera :

*Démontez l'aspiral.*

156. A ce commandement, le chef et le premier servant prendront les mêmes positions qu'ils avaient prises pour monter l'aspiral ; le chef dévissera la boîte, en même temps le second servant démontera la tête d'arrosoir de dessus l'aspiral pour la mettre sur la courbe d'aspiration.

157. L'aspiral ne sera replacé sur la pompe qu'après qu'on aura plié les boyaux, on l'entrelacera autour du balancier et l'on bouclera les courroies par dessus.

158. Les pompes dont l'aspiral se monte sur le flanc de la bâche, sont plus promptement établies, par ce qu'il se visse comme une demi-garniture et avec la même facilité, mais, avant de le monter, le second servant retirera du flanc de la bâche le chapeau couvert qu'il substituera à la tête d'arrosoir placée sur la courbe d'aspiration et qu'il montera sur la vis de l'aspiral, comme il est dit au n° 154.

159. Les tuyaux d'aspiration peuvent servir à rallonger les demi-garnitures dans le cas où

la pompe servirait comme foulante, attendu que les boîtes de raccordement sont absolument pareilles ; il faut avoir soin de les monter sur le boudin ou sur la pièce à deux vis à cause de leur pesanteur et de leur peu de flexibilité.

*Exercice, établissement et chargement précipités.*

160. L'objet de ces exercices est d'éviter la multiplicité des commandemens et d'accélérer l'établissement des pompes.

161. L'exercice en cinq temps sera divisé en deux temps principaux ainsi qu'il suit :

162. Le premier temps s'exécutera à la fin du commandement *en manœuvre*, le second au commandement *deux*.

L'instructeur commandera :

*Exercice précipité.*
*En manœuvre.*

163. Exécuter le premier temps de l'exercice, déchaîner et faire au levage.

*Deux.*

164. Mettre la pompe à terre et ôter le chariot.

165. L'établissement en cinq temps sera

divisé en deux temps principaux ainsi qu'il suit :

166. Le premier temps s'exécutera à la fin du commandement *démarrez* , et le second au commandement *deux*.

L'instructeur commandera :

*Établissement précipité.*

*Démarrez.*

167. Exécuter le premier temps de l'établissement et ôter la lance.

*Deux.*

168. Développer les boyaux , fixer l'établissement et prendre les positions.

169. Le chargement en neuf temps sera divisé en trois temps principaux comme il suit :

170. Le premier temps s'exécutera à la fin du commandement *chargez* , les deux autres aux commandemens *deux* et *trois*.

L'instructeur commandera :

*Chargement précipité.*

*Chargez.*

171. Exécuter le premier temps du chargement , faire au levage et amener le chariot.

*Deux.*

172. Poser la pompe, saisir les poignées et prendre la flèche.

*Trois.*

173. Abattre la flèche, mettre la flèche à terre et enchaîner.

174. L'instructeur exigera beaucoup de régularité et d'attention dans l'exécution des temps et dans les positions.

## SIXIÈME LEÇON.

### *Principes pour démonter une pompe de toutes pièces, la nettoyer et la remonter.*

175. Lorsqu'on aura l'intention de démonter une pompe de toutes pièces, on appropriera une place pour les y déposer; mais avant de démonter, on éprouvera la pompe et les demi-garnitures par une manœuvre forcée.

176. Cette opération étant faite, on pliera chaque demi-garniture en huit, après avoir réuni les deux extrémités au moyen du raccordement, et on la trempera dans l'eau pour y être nettoyée à l'extérieur avec une brosse rude, ensuite on la suspendra pour l'égoûter et la sécher; il en sera de même du boudin, que l'on remplacera par la pièce à deux vis.

L'instructeur commandera :

*Démontez les écroux des poupées.*

177. Les deux servants se placeront, le premier à la gauche, le second à la droite de la pompe, le chef donnera quelques tours de clef aux écroux des poupées du balancier, les deux servants achèveront de les desserrer à la main, chacun de son côté les placera à terre derrière lui, dans une position analogue à celle qu'ils occupaient sur la pompe, ils retireront les platines et les coussinets qu'ils placeront de même ; ils se transporteront ensuite, le premier à l'arrière, le second à l'avant de la pompe, tous deux y faisant face.

2. *Enlevez le balancier.*

178. Les deux servants poseront chacun un pied sur le patin, placeront les avant-bras sous le *té* du balancier et leveront en même temps ; ils appuieront le pied qui est sur le patin, pour éviter d'enlever la pompe avec le balancier, dans le cas où les pistons seraient un peu serrés dans les cylindres.

179. Lorsque les pistons seront sortis, pour les placer de manière à ce qu'ils ne touchent pas à terre, on dressera le balancier contre le chariot.

3. *Démontez les écroux de l'entablement.*

180. Les écroux de l'entablement seront démontés et placés comme ceux des poupées et d'après les mêmes principes.

4. *Enlevez l'entablement et la caisse d'entourage.*

181. A ce commandement, les deux servants prendront les positions indiquées pour enlever le balancier, placeront leurs mains aux angles, enleveront ensemble l'entablement et le dresseront auprès du chariot, pendant ce temps le chef ôtera la caisse d'entourage, démontera la pièce à deux vis et la vissera dans la boîte à ce destinée.

5. *Enlevez le corps de pompe et la plate-forme.*

182. Les deux servants se placeront comme pour enlever l'entablement, chacun tenant le cylindre placé de son côté, leveront ensemble, inclineront les corps de pompe du côté de la sortie, afin d'en retirer jusqu'à la dernière goutte d'eau et les poseront à terre sans secousse ; le chef retirera la plate-forme.

6. *Enlevez la bâche*

183. Les deux servants enleveront, en prenant toujours les mêmes places, la bâche de dessus le patin et la placeront auprès.

184. Toutes les pièces de la pompe seront lavées et essuyées. Celles qui sont assujetties au frottement seront huilées et essuyées ensuite ; les pistons seront grattés avant d'être huilés.

185. Quand une pompe a été ainsi démontée de toutes pièces pour la nettoyer, on doit visiter avec soin les corps de pompe, s'assurer que les soudures sont en bon état, que les clapets et soupapes jouent bien dans leurs charnières, qu'ils sont bien ajustés et ne laissent pas échapper l'eau.

186. Pour vérifier l'état des soudures, on monte une pièce à deux vis sur le tuyau de sortie du récipient que l'on ferme par un chapeau couvert ; on emplit d'eau les corps de pompe, dont on essuye avec soin l'extérieur ainsi que celui du récipient et l'on regarde s'il n'y a aucune ouverture qui donne passage à l'air ou à l'eau. Pour être plus sûr de son opération, on frappe légèrement autour des soudures avec un corps dur, de manière que si quelques parties étaient prêtes à se disjoindre, la percussion les y obligerait.

187. On est sûr que les clapets et soupapes jouent bien dans leurs charnières, lorsqu'a-

près leur avoir imprimé un mouvement, on les abandonne à eux-mêmes et qu'ils retombent avec vitesse à leur place primitive.

188. Pour s'assurer si les clapets et soupapes sont ajustés de manière à ne pas laisser échapper l'eau, on monte une pièce à deux vis sur la sortie du récipient, qu'on ferme ensuite par un chapeau couvert ; après quoi l'on verse de l'eau dans un des corps de pompe, par son orifice supérieur, elle s'introduit dans le récipient en levant le clapet du tuyau latéral adjacent, et ne trouvant pas la sortie libre, elle monte jusqu'à ce que l'air qu'elle comprime dans la partie supérieure du récipient l'en empêche ; alors le corps de pompe s'emplit : si sa soupape et le clapet du tuyau latéral opposé ferment hermétiquement, la surface de l'eau reste à une hauteur constante ; si, au contraire, la soupape ne ferme pas bien, l'eau coule dans la culasse ; si c'est le clapet qui laisse passer l'eau, l'autre corps de pompe la reçoit et elle y monte jusqu'à ce qu'elle soit de niveau dans les deux corps de pompe.

189. Après ce premier essai, on vide le corps de pompe et le récipient, en ôtant le chapeau couvert qui ferme la sortie, on essuye bien le tout, et par une opération

semblable on essaye l'autre soupape et l'autre clapet.

190. Lorsque ce nettoiement sera fait, on replacera la bâche, la plate-forme, les corps de pompe, le boudin, la caisse d'entourage, l'entablement, les écroux de l'entablement, le balancier, les coussinets, les platines et les écroux des poupées, par les mêmes principes et dans l'ordre indiqué ci-après.

L'instructeur commandera :

1. *Posez la bâche.*

191. Le premier et le second servant, étant placés comme pour retirer la bâche, la prendront et la poseront sur le milieu du patin ; pendant ce temps le chef prendra la plate-forme par les deux tringles qui doivent se trouver du côté de la sortie et la posera dans la bâche : on aura soin de la placer dans le milieu et de manière que le taquet, qui supporte le tuyau de sortie, corresponde à l'ouverture pratiquée dans la bâche.

2. *Posez les corps de pompe.*

192. Les deux servants se placeront comme pour enlever les corps de pompe, les apporteront au-dessus de la plate-forme et les poseront dessus, sans la déranger de sa po-

sition ; aussitôt que le chef verra le tuyau de sortie en face de l'ouverture de la bâche, il y placera le boudin.

193. Dans les pompes aspirantes dont la bâche est percée sur les deux flancs, le premier servant montera la pièce à deux vis, et le chapeau couvert sur le tuyau de sortie du côté droit.

3. *Posez la caisse d'entourage et l'entablement.*

194. Le chef posera la caisse à sa place, pendant ce temps les deux servants prendront l'entablement comme pour l'enlever, l'apporteront au-dessus des boulons et placeront leurs pieds sur le patin ; ils soutiendront l'entablement sur leurs genoux, afin de diriger les boulons avec plus de facilité.

4. *Placez les écroux de l'entablement.*

195. Les deux servants se placeront comme pour les démonter, prendront les écroux qui sont derrière eux et les monteront sur les vis des boulons, seulement à la main.

196. Ces écroux ne doivent se serrer avec la clef que lorsque le balancier est posé, attendu que s'il ne l'était pas, on pourrait gauchir les supports du balancier, en serrant les écroux plus d'un côté que de l'autre,

ce qui empêcherait les tourillons d'arriver juste sur les coussinets.

5. *Posez le balancier.*

197. Les deux servants prendront le balancier comme il a été dit pour l'enlever, l'apporteront sans changer le devant de place, le soutiendront au-dessus des cylindres, en sorte que les pistons soient prêts à y entrer; le chef les dirigera dedans, fera abaisser le balancier doucement et, le tenant à deux mains, il conduira l'arbre jusqu'à ce qu'il soit arrivé sur les poupées.

6. *Couvrez les tourillons.*

198. Les deux servants se remettront dans les positions qu'ils avaient en plaçant les écroux de l'entablement, chacun prendra ensuite le coussinet, la platine et les deux écroux qui se trouvent derrière lui, pour les mettre à leurs places; pendant ce temps le chef serrera les écroux de l'entablement avec la clef à vis et ensuite ceux des poupées.

7. *Armez la pompe.*

199. A ce commandement le chef et le premier servant attacheront le *té* de l'arrière du balancier avec les courroies, afin

qu'il reste fixé dans une position horizontale et monteront la première demi-garniture sur le boudin ; le second servant posera les tamis sur le balancier, les attachera l'un à l'autre et se placera à l'arrière.

Le chef étant du côté de la sortie, fera passer le boyau dessous la branche gauche du *té* de l'avant du balancier, reviendra en dessus, pour l'étendre jusqu'au *té* de l'arrière par dessus, où le second servant le pliera en dessous pour aller gagner le dessus de la branche droite du *té* de l'avant, il reviendra en dessous pour le passer en croix sur le balancier ; alors le premier servant s'en emparera et formera un premier pli dans le fond et à l'avant de la bâche, du côté de la sortie, après quoi il remettra le boyau au second servant pour qu'il forme un pareil pli de son côté. Le premier et le second servant continueront à former, chacun de son côté, des plis qu'ils assureront dans le fond de la bâche, ayant soin de tenir, l'un les mains appuyées sur le boyau à l'endroit où il pose sur les tamis, pendant que l'autre formera son pli, et ainsi jusqu'à l'avant-dernier pli de la première demi-garniture ; on montera la deuxième demi-garniture sur la première, et l'on continuera à former des plis de droite et de gauche dans la bâche. Le chef pendant cette manœuvre approchera les boyaux aux servants et les surveillera.

Lorsqu'il ne restera plus qu'un pli à faire sur la deuxième garniture, le chef montera la lance, les deux servants placeront les leviers sur la bâche, entre les plis des boyaux et les côtés de l'entablement, le premier servant celui de gauche et le second celui de droite ; ils les glisseront sous les plis des boyaux en les présentant par leurs gros bouts à l'arrière de la pompe ; alors le chef posera la lance sur le levier du côté gauche et il formera le dernier pli, lorsque les deux servants auront amarré les leviers et la lance au moyen des courroies placées sur l'entablement ; à cet effet, le premier servant passera à l'arrière de la pompe et le second à l'avant.

200. On placera la hache, le cordage et les échelles, ainsi que cela est indiqué au n° 139 et l'on prendra les positions prescrites au n° 97.

201. On fera remonter la pompe sur son chariot par les commandemens et d'après les principes indiqués aux n^os^ 142 et suivans.

# DEUXIÈME PARTIE.

## MANŒUVRE EXTRAORDINAIRE ET MOYENS DE REMÉDIER A DIVERS ACCIDENS.

### *Moyens qu'il faut employer pour mettre une pompe dans un bateau.*

202. On se procurera un plat-bord assez long pour que l'une de ses extrémités touchant à terre, son milieu porte sur le bord du bateau, on fera glisser la pompe dessus jusqu'à ce que le milieu de sa longueur réponde au point d'appui ; ensuite on fera basculer le plat-bord, ce qui facilitera la descente de la pompe dans le bateau : pendant cette opération on aura soin de maintenir la pompe de manière qu'elle ne tombe ni d'un côté ni de l'autre du plat-bord. Les moyens employés pour faire entrer une pompe dans un bateau pourront servir aussi dans beaucoup d'autres cas, comme lorsqu'il faudra la faire passer par une fenêtre de rez-de-chaussée, par dessus une balustrade ou une éminence quelconque. Les pompes aspirantes sont celles qu'on peut employer le plus avantageusement dans un bateau.

*Manière de transporter une pompe à un étage quelconque d'un bâtiment incendié.*

203. La pompe étant à terre et débarrassée de ses demi-garnitures et de tous ses agrès, le chef placera ses deux servants chacun à une chaîne de l'arrière, et s'adjoindra un homme pour rester avec lui à l'avant : la pompe sera tournée de manière à présenter l'arrière, à la première marche de l'escalier, les deux servants prendront les chaînes assez loin de leurs points d'attache, et en montant de côté, ils soulèveront un peu la pompe en la tirant de manière à la faire glisser sur les marches comme sur un plan incliné. Le chef et l'homme qu'il se sera adjoint, placés l'un à la droite et l'autre à la gauche, ayant chacun une main sur le *té* du balancier, qu'on aura eu soin d'incliner vers l'avant de la pompe, et l'autre main sur le cordon de la bâche, aideront le mouvement en poussant.

204. Pour descendre la pompe, les quatre hommes se placeront de la même manière que pour la monter, le chef et l'homme qui est près de lui tireront la pompe au lieu de la pousser, et les deux servants la retiendront au moyen des chaînes de l'arrière,

pour empêcher qu'elle ne descende avec trop de vîtesse et qu'elle ne blesse les hommes de l'avant.

*Manière de relever une pompe renversée avec son chariot.*

205. Les chariots des pompes de la ville de Paris sont étroits, afin qu'on puisse les faire passer dans des ruelles et portes d'allées ; leur dimension et plus encore la promptitude avec laquelle on court au feu peuvent les faire renverser, c'est pourquoi il paraît nécessaire d'indiquer un moyen pour les relever.

206. Lorsqu'une pompe sera renversée avec son chariot sans en être séparée, on relevera l'une et l'autre en même temps ; à cet effet, le chef se placera vis-à-vis de la roue, du côté où la pompe sera renversée, le premier servant à sa droite et le second à sa gauche, tous trois saisiront le balancier et leveront ensemble. Lorsque l'inclinaison de la pompe permettra au chef de s'approcher de la roue qui porte toute la charge, il en soutiendra la partie supérieure en poussant dessus jusqu'à ce que le chariot soit remis dans sa position.

6

207. Si dans la chute la pompe avait quitté le chariot, l'une et l'autre seront relevés séparément ; ensuite on remontera la pompe sur son chariot par les moyens indiqués aux n$^{os}$. 142 et suivans.

*Réparations qu'on peut avoir à faire aux pompes et agrès pendant le cours d'un incendie.*

208. Les accidens les plus fréquens sont des crevasses qui ont lieu le long des coutures des boyaux, lorsque la pompe est manœuvrée avec force : pour y remédier, on fait une ligature A (*planche* 2, *figure* 29), ce qui consiste à rouler en hélice sur le boyau une petite corde appelée *filagore*, comme la corde d'un treuil se roule sur son arbre et de manière à ce que chaque tour de la corde touche immédiatement celui qui le précède, en sorte qu'ainsi roulée, elle forme un cylindre qui enveloppe la partie crevassée. La ligature doit commencer trois pouces au-dessus de l'extrémité de la crevasse et finir trois pouces au-dessous de l'autre extrémité ; elle doit se terminer de chaque côté par un nœud. Si une crevasse avait lieu au boudin, il serait plus court d'y substituer la pièce à deux vis que de faire une ligature.

209. Il y a des cas où l'on peut réparer par le même procédé une lance qui viendrait à crever, mais comme la forme conique de la lance pourrait permettre à la ligature de glisser vers la plus petite base du cône tronqué, pour l'en empêcher, on peut fixer l'extrémité du filagore à la boîte de la lance, le tendre le long de la lance jusqu'à trois pouces au-dessus de la crevasse, et commencer la ligature qu'on terminera à trois pouces au-dessous.

210. Dans certains cas on pourra aussi employer la ligature pour consolider un levier qui éclaterait dans le sens de la longueur.

211. Chaque Sapeur doit avoir dans la bombe de son casque un bout de fil à ligature roulé, et lorsqu'il l'emploie, il ne doit le dérouler qu'à mesure que cela est nécessaire.

212. Lorsque les raccordemens sont difficiles à serrer ou à desserrer et qu'on n'a pas de tricoises, on se sert d'un ciseau et d'un marteau pour les faire tourner ; à défaut de ces deux outils, on fait usage de tous ceux qui en peuvent tenir lieu : une pièce de monnaie peut au besoin remplacer le ciseau, et une masse quelconque de bois ou de pierre suppléer au marteau.

213. On est souvent obligé d'employer,

à la manœuvre des pompes, de l'eau bourbeuse, qui après quelque temps dépose assez de matières pour arrêter le jeu des clapets, alors il faut nettoyer la pompe par les moyens qu'on a indiqués n[os] 133 et suivans, et si l'on fait usage d'une pompe aspirante comme foulante, on ne doit pas oublier de mettre les tamis sur la bâche, car il suffirait d'une feuille d'arbre ou d'un morceau de linge pour couvrir une partie de la tête d'arrosoir et empêcher l'aspiration d'avoir lieu; il faut en outre de temps en temps passer la main autour, pour en écarter tous les corps étrangers.

214. Lorsque l'eau sortira de manière à indiquer que l'orifice de la lance est obstrué par quelque corps étranger, on devra sur le champ faire cesser la manœuvre de la pompe et incliner la lance de manière que le petit bout soit plus bas que la boîte et la démonter dans cette position, afin que le corps qui intercepte le passage de l'eau ne retombe pas dans le boyau; on soufflera dans la lance par l'orifice pour en chasser ce qui pourra s'y trouver, et quand le souffle ne suffira pas, on y passera une baguette: si on n'avait pas la précaution d'incliner la lance, le corps étranger rentré dans le boyau, re-

viendrait bientôt à l'orifice, lorsqu'on reprendrait la manœuvre, et l'on se trouverait forcé de recommencer l'opération. Ayant négligé de déboucher la lance et la manœuvre de la pompe continuant, on risquerait de faire crever les boyaux.

215. Lorsque les pistons ne remplissent pas parfaitement l'intérieur des corps de pompe, ce qui arrive souvent quand les rondelles de cuir dont ils sont composés sont sèches, au lieu d'être entièrement foulée dans le récipient, une partie de l'eau s'échappe par les intervalles qui se trouvent entre le cylindre et le piston, et les travailleurs, qui, dans les incendies, sont presque toujours des personnes de bonne volonté, se voyent forcés de quitter la manœuvre à cause de l'eau qui jaillit constamment sur eux. On remédie facilement à cet inconvénient en faisant un lien de paille ou de foin, dont on entoure la tige du piston, sans la serrer, et de manière à couvrir la base supérieure du cylindre ; on peut également employer une toile roulée pour le même objet.

216. Si le balancier se cassait trop près de son point d'appui, pour qu'il fût possible de s'en servir, on en détacherait la

tige du piston du côté cassé, on laisserait le piston dans le corps de pompe, et la pompe n'agirait que d'un côté; elle aurait alors l'inconvénient de n'avoir plus un jet aussi fort, mais on ne serait pas forcé de cesser la manœuvre.

217. Lorsque la bâche sera percée, on bouchera le trou, s'il est possible, avec une matière que l'eau n'amollit pas, comme de la cire ou de la résine fondue; si le trou était un peu grand, on se procurerait un tampon quelconque pour le fermer.

218. Les pompes aspirantes sont plus sujettes à manquer que les autres, à cause de l'aspiral qui souvent prend de l'air, soit par le raccordement, soit par les coutures quand elle sont desséchées; si c'est par le raccordement, il suffit quelquefois de mettre de l'eau dans la bâche de manière à le couvrir: si c'est par les coutures, il faut, s'il est possible, faire tremper l'aspiral dans l'eau de manière que l'intérieur et l'extérieur soient mouillés, alors le cuir se gonfle et les coutures ne permettent plus à l'air de passer.

219. Comme il arrive souvent que les coutures sont desséchées, il serait bon de

commencer dans tous les cas par faire tremper les aspiraux avant de les monter, afin de n'être pas obligé de les démonter ensuite pour faire cette opération.

220. On peut, lorsqu'on n'a pas eu la précaution de faire tremper l'aspiral avant de le monter, et que les coutures sont desséchées, l'entourer de toiles mouillées que l'on fixe dessus au moyen de filagores.

221. Si l'air venait par un trou très petit à la courbe d'aspiration, on remplirait la bâche, et la manœuvre en souffrirait peu ; mais si le trou était grand, la pompe ne pourrait plus servir que comme foulante.

222. On ne doit entreprendre aucune des réparations indiquées ci-dessus que quand il faudra moins de temps pour la faire, que pour substituer à la partie qui manque une partie semblable, ou une pompe, à celle à laquelle il est arrivé un accident.

### *Manœuvre des échelles dites à l'italienne.*

223. Le premier bout d'échelle se place auprès d'une muraille, le haut portant dessus, la partie la plus large en bas et écartée du mur. On enlève ce bout à environ cinq pieds de terre en lui conservant sa position

inclinée, on place ensuite le second dessous de manière qu'en abaissant le bout supérieur, le premier échelon de l'un et le dernier échelon de l'autre entrent dans les échancrures des sabots destinés à les recevoir. Pour ajouter d'autres bouts aux deux premiers, on employera les mêmes moyens en considérant les bouts déjà entés comme n'en formant qu'un seul.

224. Trois hommes sont ordinairement employés à la manœuvre de cette échelle, l'un est placé devant et tient le premier échelon à deux mains; les deux autres le sont près des montants ayant chacun l'une de ses mains dessus et l'autre au premier échelon. Lorsque le premier bout est élevé à la hauteur nécessaire, l'homme qui est à l'avant le quitte, va chercher le bout que l'on veut ajouter et le présente dessous l'autre.

225. Si le nombre de bouts d'échelles est grand, l'on est obligé d'ajouter un ou plusieurs hommes que l'on place derrière pour aider à les enlever et à les soutenir.

226. Lorsque l'échelle arrive à une certaine hauteur, elle se courbe d'autant plus que son pied est plus éloigné de la muraille; dans ce cas on attache un ou deux cordages aux

montants vers le milieu de la courbe afin d'ajouter un troisième point d'appui. Cependant il est nécessaire qu'elle conserve un peu de courbure, car s'il en était autrement le poids d'un homme placé entre le premier et le second point d'appui, ferait détacher du mur l'extrémité supérieure de l'échelle.

227. Si l'on ne met qu'un cordage, il doit embrasser les deux montants et être fixé vis-à-vis le plan de l'échelle, et lorsque l'on en met deux, ils doivent former un angle droit, dont les côtés s'éloignent également du plan de l'échelle.

*Manœuvre de l'échelle à crochets.*

228. Pour manœuvrer cette échelle, un seul homme peut suffire, mais pour monter du premier étage aux étages supérieurs, lorsqu'il n'y a ni balcon ni barre d'appui, on en emploie ordinairement deux, parce qu'il y a plus de sûreté pour les hommes; cette manœuvre se fait ainsi qu'il suit:

229. Un homme monte sur le soubassement de la croisée faisant face en dehors, l'autre se place dans l'intérieur de la chambre derrière lui et le tient par la ceinture, au moyen d'une courroie ou ligature, afin de

pouvoir le retenir s'il arrivait que le poids de l'échelle l'entraînât ; ensuite le premier tourne l'échelle de manière que le devant soit plaqué sur le mur et l'enlève sans secousse en plaçant les mains l'une après l'autre sur les montants. Lorsque les crochets de l'échelle sont arrivés à hauteur de l'appui, il la tourne en croisant les bras sur la poitrine ; alors il abaisse doucement l'échelle dont les crochets embrassent l'appui.

*Manœuvre du tonneau.*

230. Le tonneau, nouveau modèle, peut être conduit par deux hommes, mais il en faut trois pour un trajet un peu long.

La manœuvre est donc indiquée pour trois hommes qui prendront la dénomination suivante :

Un chef.
Un premier servant.
Un second servant.

231. Si l'on n'avait que deux hommes pour cette manœuvre, il serait facile de supprimer ce qui est indiqué pour le chef, sans amener de grands changemens dans la leçon ; c'est dans les mêmes vues que, dans les principes donnés, pour vider et remplir le tonneau, on n'a employé qu'un premier

et un second servant ; s'il y avait un chef, il prendrait la place de l'instructeur.

232. La position des hommes lorsque la flèche est à terre, est la même que celle indiquée au n°. 48, et sera prise par le même commandement.

233. Lorsque l'on voudra lever la flèche, il faudra toujours prendre la position indiquée au n.° 62.

234. Pour les conversions de pied ferme, les marches en avant, en arrière et les conversions, dans l'une et l'autre marche, on se conformera à ce qui est prescrit dans la première leçon, excepté que, dans la position de la marche en avant, le chef ne devra pas retenir ni pousser la roue, mais pousser le brancard du côté opposé à la conversion ; et dans la position de la marche en arrière, il se mettra entre les deux servants et tiendra la traverse de manière à avoir l'extrémité de la flèche entre les deux mains.

235. Lorsque l'on mettra la flèche à terre, dans cette dernière position, on prendra ensuite celle prescrite au n°. 48.

236. Lorsque l'instructeur voudra faire vider le tonneau, il commandera :

*Videz le tonneau.*

237. Le premier servant se placera à l'avant, relevera la flèche dans une position verticale et l'amarrera au moyen de la chaîne ; le second servant placera les cales ; ensuite le premier servant défera la boucle de la courroie, après quoi le second servant fera faire au tonneau une révolution et demie autour de son axe, pour dérouler le tuyau et amener le robinet en dessous, ce que l'on reconnaîtra facilement, lorsque la boîte-vis qui lui est diamétralement opposée, sera sur le point le plus élevé du tonneau.

Pendant que le second servant fera tourner le tonneau, le premier servant recevra le tuyau à mesure qu'il se déroulera, le dirigera vers sa gauche et tournera le robinet ; ensuite il couchera l'entonnoir dans le fond de la bâche et le maintiendra dans cette position jusqu'à ce que le tonneau soit vide ; alors le premier servant tendra le tuyau en avant du tonneau et le second le roulera en tournant le tonneau ; ensuite le premier servant attachera la courroie et abaissera la flèche, le second retirera les cales.

238. Lorsque l'instructeur voudra faire remplir le tonneau, il commandera :

*Remplissez le tonneau.*

239. Le premier et le second servant feront

ce qui est prescrit pour le vider, excepté que le second servant ne fera faire qu'une demi-révolution au tonneau et que le robinet ne doit pas être tourné ; le premier servant dirigera le tuyau vers la partie supérieure d'une des roues où il fixera l'entonnoir destiné à recevoir l'eau, soit au moyen d'un boyau de dégorgement, soit avec des seaux.

Lorsque le tonneau sera plein, ce que l'on reconnaîtra quand l'eau sortira par le robinet, le premier servant se portera vers sa gauche avec le tuyau ; tous deux le rouleront et tourneront le robinet par les moyens indiqués au n° 237, mais dans un sens inverse ; ensuite le premier servant attachera la courroie et abaissera la flèche, le second ôtera les cales.

240. La boîte-vis, dont on a parlé au n°. 237, sert à raccorder le tuyau avec les bornes fontaines (1), les pompes et les tuyaux d'aspiration.

---

(1) On ouvre le couvercle d'une borne fontaine avec une clef ordinaire, ensuite on retire la clavette et le boulon, et l'on dévisse la patère en se servant de la queue de la clef du robinet.

# CHAPITRE III.

*Principes généraux pour les établissemens de pompes dans les incendies.*

241. Quand on avertit un chef de poste pour qu'il se rende à un incendie, il doit s'informer de la nature du feu, du lieu où il est, et s'y faire conduire par la personne qui est venue prévenir; il en résulte pour lui plusieurs avantages, d'abord il est sûr de se rendre directement à l'endroit incendié, ensuite il pourrait, si l'avertissement était faux, faire punir celui qui aurait fait sortir le poste inutilement et peut-être par malveillance. Il doit sortir avec la pompe et même avec le tonneau, s'il y a du monde pour le conduire; il devra se munir d'un flambeau lorsqu'il partira de nuit ou lorsqu'il sera prévenu pour un feu de cave. Pour un feu de cheminée il laissera la pompe et devra se munir d'une hache et d'un cordage qui seront portés par le premier et le second servant. Lorsque la personne qui fera l'avertissement ne pourra pas désigner

la nature du feu, le chef devra partir avec la pompe.

242. Aussitôt que le chef est arrivé, il doit reconnaître la nature du feu et son emplacement, afin de diriger convenablement l'établissement de la pompe ; à cet effet, il prend la hache et se fait suivre du premier servant chargé du cordage, afin de pouvoir se servir de l'un et de l'autre pour parvenir au foyer du feu, en cas d'obstacle ; le second servant reste auprès de la pompe pour empêcher que l'on n'y touche et que les curieux ou même les gens de bonne volonté qui se trouvent là, ne la mettent en manœuvre, sans savoir où il est nécessaire de la placer.

243. Le chef doit ensuite estimer à peu près la quantité de boyaux dont il a besoin pour arriver du point où la pompe doit être établie, à l'endroit incendié, afin d'ajouter ou retrancher de suite des demi-garnitures, si cela est nécessaire.

244. Les demi-garnitures de boyaux ayant environ cinquante pieds de longueur, il arrive rarement que l'on en ait précisément la quantité voulue ; alors il faut chercher à s'établir de manière que la partie excé-

dante n'embarrasse pas, et cela est facile ainsi qu'on le verra bientôt.

245. Il y a trois genres d'établissement pour les boyaux, l'un horizontal, quand on a le feu au rez-de-chaussée et qu'il ne faut que conduire l'eau de la pompe au foyer; le second rampant, lorsque l'on suit la pente d'un escalier ou telle autre ligne inclinée qui se présente; le troisième vertical, lorsque l'on fait monter les boyaux verticalement en les attachant, soit aux balcons, soit aux rampes d'escalier, etc., au moyens des collets, ou à leur défaut avec des cordages.

246. C'est au moyen de ces trois manières de s'établir, employées séparément ou combinées entr'elles, que l'on peut parvenir à arriver sur le feu, sans être embarrassé de trop de boyaux.

247. Nous supposons pour plus de simplicité, qu'en suivant le rampant d'un escalier, on emploie à peu près le double de boyaux nécessaires pour parcourir la hauteur verticale de cet escalier.

Nous allons chercher, au moyen de quelques exemples, à établir un principe général.

248. Lorsque la distance verticale et ho-

rizontale à parcourir, est à peu près égale à la longueur d'une demi-garniture ou de plusieurs réunies, on doit employer, s'il est possible, un établissement vertical et horizontal; si, au contraire, la distance est intermédiaire, il faut combiner entr'elles les trois différentes manières de s'établir.

249. Supposons qu'il n'y ait à parcourir, tant verticalement qu'horizontalement, pour se rendre de la sortie de la pompe au foyer, qu'une distance de quarante pieds, la longueur de la demi-garniture étant de cinquante pieds, on aurait dix pieds de trop dont on pourrait être embarrassé; on remédiera à cet inconvénient, en faisant ramper vingt pieds de boyaux, parce qu'alors ces vingt pieds de rampe ne faisant que dix pieds de hauteur réelle, il s'en suivra que trente pieds d'établissement vertical et horizontal, et les vingt pieds de rampe emploieront précisément les cinquante pieds, longueur totale de la demi-garniture.

250. Il est utile d'observer que dans ce cas, comme on n'a besoin que d'une des deux demi-garnitures qui sont pliées sur la pompe, on devra démonter la seconde de dessus la première avant de jeter les boyaux à terre, parce qu'alors on ne sera pas obligé d'étendre les cent pieds.

7

251. Si l'on avait une distance de soixante pieds, on serait obligé d'avoir deux demi-garnitures, mais on aurait quarante pieds de trop; il faudrait alors faire ramper quatre-vingts pieds de boyaux et en établir vingt verticalement et horizontalement, les quatre-vingts rampants ne faisant que quarante de hauteur réelle, on arriverait exactement à la longueur des deux demi-garnitures, qui est de cent pieds.

252. Si l'on avait une distance de cent vingt pieds, il faudrait trois demi-garnitures, et l'on aurait trente pieds de trop; on en ferait alors ramper soixante, et l'on en aurait quatre-vingt-dix en établissement vertical et horizontal, ce qui emploierait les cent cinquante pieds, et ne parcourrait utilement qu'une distance totale de cent vingt pieds, puisque les soixante rampants ne font que trente pieds de hauteur verticale.

253. En examinant bien la marche qu'on vient de tracer, on verra que pour savoir le nombre de pieds de boyaux que l'on doit faire ramper, il faut retrancher la distance totale à parcourir verticalement et horizontalement, de celle que l'on peut parcourir avec les demi-garnitures; le double de la différence est ce que l'on doit faire ramper,

le reste étant employé verticalement et horizontalement ; et cela quel que soit le nombre de demi-garnitures.

254. Si, après être parvenu à l'étage où se trouve le foyer, la longueur des boyaux était plus grande que la distance horizontale à parcourir, on ferait serpenter les boyaux pour employer l'excédent.

255. Lorsqu'une partie des boyaux doit être établie verticalement et une autre en rampe, c'est dans la partie inférieure que doit être l'établissement vertical, et le rampant doit être dans la partie supérieure ; car, comme cela arrive souvent, lorsque l'on a manœuvré quelque temps, le foyer de l'incendie s'éloigne et l'on est obligé d'avancer dessus, il faut alors, pour avoir assez de longueur de boyaux, changer l'établissement rampant en un vertical, et si l'on avait commencé par l'établissement rampant, il faudrait tout défaire, ce qu'on évite en suivant la méthode indiquée.

256. On doit toujours faire en sorte d'arriver au point incendié par les portes et non par les fenêtres, et cela pour deux raisons ; la première, c'est qu'en arrivant par les portes, on se réserve une retraite par l'es-

calier et plus de facilité pour être aidé dans la manœuvre ; et la seconde, qu'on évite d'introduire des courans d'air qui donnent de l'activité au feu.

257. Si l'embrasement de l'escalier ou quelqu'autre raison obligeait de faire un établissement par les fenêtres, on s'introduirait, au moyen d'échelles, dans l'étage auquel on veut arriver, et delà on jetterait un bout de cordage pour s'en servir à attacher et hisser les boyaux.

258. On doit généralement établir la pompe de manière que les boyaux ne traversent ni la rue ni la porte cochère, pour laisser le passage libre aux tonneaux et autres voitures; et placer la sortie de la pompe du côté par lequel on attaque, afin d'éviter que les boyaux tournent autour d'elle, parce qu'alors ceux qui sont chargés de la manœuvrer pourraient marcher dessus et les crever ; d'ailleurs cela peut forcer à en employer une quantité plus grande que celle absolument nécessaire.

259. Si, malgré toutes les précautions qu'on peut prendre, les localités obligent à traverser, avec les boyaux, la rue ou la porte-cochère de la maison incendiée, et que des

tonneaux viennent à se présenter pour passer, il faut élever les boyaux à la hauteur nécessaire pour que les tonneaux passent dessous ; et s'il vient seulement des chevaux sans voiture, il suffit de lever les boyaux à six pouces de terre, pour forcer les chevaux à lever le pied et empêcher qu'ils ne marchent dessus.

260. En général, on doit choisir le point où l'on place la pompe de manière que les travailleurs chargés de la manœuvre n'aient à craindre ni la chûte des matériaux incendiés, ni celle des meubles qu'on jette quelquefois par les fenêtres, ni la fumée, afin de leur donner toute sécurité et empêcher qu'ils ne soient victimes de leur zèle.

261. Il faut, en développant les boyaux, faire en sorte que dans le chemin qu'on leur fait parcourir, ils ne puissent être foulés aux pieds et mis hors de service par les travailleurs, les curieux et les malveillans ; on y parvient ordinairement en les faisant passer près des murs et en commettant à leur surveillance des Sapeurs, s'il y en a de disponibles à cet effet, ou des soldats de la force armée chargés de la police de l'incendie.

262. Les points à proximité des puits ou

des réservoirs sont généralement ceux qu'on préfère pour y établir des pompes, à moins que, pour remplir quelques unes des conditions qu'on vient d'énoncer, on ne soit obligé de s'en éloigner.

263. Lorsque deux ou plusieurs pompes sont en manœuvre dans un incendie, on doit faire en sorte que les boyaux soient bien distincts, et que ceux qui tiennent les lances sachent à quelle pompe ils appartiennent; et, pour éviter toute confusion, chaque chef doit en arrivant, prendre pour sa pompe le numéro d'ordre dans lequel il est arrivé : sans ces précautions on s'exposerait à faire cesser la manœuvre sur un point où elle serait urgente, et à la voir continuer sur un autre où elle serait nuisible.

264. On se procure l'eau dans les incendies par différens moyens. Les tonneaux de porteurs d'eau, que MM. les Commissaires de police font arriver auprès du lieu incendié, en fournissent assez abondamment; les bouches d'eau environnantes doivent être ouvertes aux porteurs d'eau, pour qu'ils puissent remplir facilement leurs tonneaux et multiplier leurs voyages.

265. Les puits, les pompes et les réser-

voirs, tant de la maison incendiée que de celles qui l'avoisinent, offrent encore un moyen de s'en procurer. On se sert à cet effet de seaux et de paniers à incendie, que l'on fait passer de la source au point où est la pompe, en plaçant à trois pieds les unes des autres, sur deux rangs et se faisant face, les personnes dont on peut disposer, lesquelles se passent les seaux pleins et se les repassent ensuite vides ; c'est ce qu'on appelle faire la chaîne.

266. Lorsque les maisons où se trouvent les pompes ou les puits, sont situées sur un sol plus élevé que le point où est placée la pompe à incendie, et qu'on n'a pas assez de bras pour faire la chaîne, on établit près de la pompe, dans le ruisseau, un batardeau avec de la terre, du fumier, ou toute autre matière qui se trouve à portée. Les habitans des maisons dont on vient de parler n'ont plus alors qu'à venir jeter dans le ruisseau, l'eau qu'ils ont puisée, elle s'écoule d'elle même vers le batardeau et vient s'y arrêter ; les personnes qui se trouvent près delà peuvent en remplir la bâche au fur et à mesure du besoin.

267. Lorsque les passages qui communiquent au lieu de l'incendie sont étroits, et

qu'il est impossible d'y faire passer les tonneaux de porteurs d'eau, ou d'y placer des hommes formant la chaîne, on peut alimenter une pompe par une autre (*ce qui n'a pas d'inconvénient, puisqu'elles débitent la même quantité d'eau dans le même temps*), en établissant la seconde dans l'une des maisons voisines, et conduisant l'eau au moyen des boyaux jusqu'à la bâche de la pompe qui est établie ; il faut dans ce cas avoir soin de faire cesser la manœuvre de la pompe alimentaire, lorsque l'autre cesse de manœuvrer, afin de ne pas perdre d'eau et de ne pas fatiguer les hommes inutilement.

268. Il y a un autre cas où l'on doit alimenter une pompe par une autre, c'est lorsqu'on manque de bras pour former la chaîne, car avec seize hommes qui se relèvent huit par huit, on peut faire manœuvrer une pompe, tandis qu'il en faudrait un bien plus grand nombre pour former la chaîne, si le chemin à parcourir était considérable : on peut aussi, lorsqu'il y a des pompes aspirantes disponibles, en établir auprès des bassins ou réservoirs voisins, et conduire l'eau, au moyen des boyaux, jusqu'à la bâche de la pompe foulante qui est établie près du feu.

269. Il y a des cas où il est avantageux, et d'autres où il est nécessaire, de monter une pompe à un étage quelconque.

270. Lorsqu'un feu se déclare dans un comble ou dans un étage très élevé d'un bâtiment, et qu'il n'est pas possible d'approcher du foyer, la hauteur de la colonne d'eau étant grande, son poids peut empêcher le jet d'être assez fort pour atteindre le feu, et les hommes chargés de manœuvrer la pompe se fatiguent bien plus que si la colonne était courte : on peut parer à cet inconvénient en montant la pompe à un étage quelconque, pourvu qu'on ait assez de monde pour l'alimenter à bras, ou qu'il soit possible de l'alimenter au moyen d'une autre pompe.

271. Si, dans un feu de la même nature, on manquait de boyaux pour atteindre à la hauteur où il s'est déclaré, on y remédierait par le même moyen ; mais il faudrait que la pompe fût alimentée à bras, puisque l'on n'aurait pas de boyaux pour la pompe alimentaire.

*Observations.*

272. Les principes généraux dont il vient d'être parlé et ceux indiqués dans les cha-

pitres suivants doivent être bien connus de toutes les personnes chargées d'administrer les secours.

Pour en rendre l'application facile, il est nécessaire de simuler des incendies et d'en proposer l'attaque. On peut imaginer toutes sortes d'obstacles, lorsque les localités ne les présentent pas, en supposant des escaliers incendiés, des croisées fermées par des volets, des rues, passages, ou cours encombrés, des fontaines gelées, etc. On peut aussi supposer que des pompes ou d'autres parties du matériel ont été mises hors de service.

Il est bon de réunir ensuite tous ceux qui ont pris part à l'attaque et de leur faire connaître les fautes qui ont été faites.

On peut de même après un incendie faire connaitre aux hommes qui composent le corps des Sapeurs-Pompiers les moyens qui ont été employés dans son extinction, et ceux qu'il eût été plus avantageux de mettre en œuvre. De cette manière on fait acquérir de l'expérience même à ceux des Sapeurs qui ne se sont pas trouvés au feu.

# CHAPITRE IV.

## *Procédés particuliers pour l'attaque des feux de toutes natures.*

273. INDÉPENDAMMENT des principes généraux qui ont été donnés sur les établissemens de pompes, il y a des cas particuliers qui se rattachent à chaque nature de feu, et qui ne peuvent être traités qu'en décrivant la manière d'attaquer ces différens feux.

274. Il a été dit plus haut que le but qu'on devait se proposer dans l'extinction d'un incendie, était en général d'interposer un corps quelconque entre la partie incendiée et l'air, ou d'empêcher que ce dernier se renouvelant, n'active ou n'entretienne la combustion ; ce principe général va recevoir son application dans des cas particuliers.

275. On verra que, dans les feux de cheminées, l'eau s'emploie d'une manière très secondaire, et que c'est seulement en em-

pêchant l'air de se renouveler qu'on parvient à les éteindre. On pourrait par les mêmes principes éteindre les feux de caves en les étouffant, si l'on n'avait à craindre que l'air intérieur en s'échauffant ne prît un accroissement de ressort considérable, et que sa pression contre l'intrados de la voûte ne devînt suffisante pour en disjoindre les voussoirs en les soulevant.

276. On va chercher à donner un aperçu de la manière d'attaquer chaque espèce de feu, en commençant par ceux de cheminée qui sont les plus fréquens, et qui, n'exigeant pas le secours de la pompe, forment une classe tout à fait à part.

### FEUX DE CHEMINÉE.

277. Lorsque le chef de poste aura reconnu la cheminée où est le feu, il se procurera des seaux pleins d'eau, et un drap ou une couverture qu'il mouillera et placera ensuite devant la cheminée pour la boucher et empêcher que l'air de l'appartement, s'introduisant dans le tuyau, n'entretienne et n'active la combustion de la suie ; il fera fermer les portes et les fenêtres et recommandera à son second servant de jeter de

l'eau sur le drap, pour qu'il ne sèche ni ne brûle, s'il était en contact avec de la suie embrasée, ou pour qu'il ne laisse point de passage à l'air par les intervalles du tissu. Cette eau doit être jetée avec la main ou un arrosoir s'il s'en trouve, et en petite quantité à la fois, afin de ne pas inonder la chambre, et de ne pas mouiller inutilement les meubles qu'elle contient.

278. Il devra aussi mettre sur l'âtre un ou plusieurs seaux pleins d'eau, selon sa capacité, afin qu'une partie de la suie embrasée, qui se détache des parois de la cheminée et tombe ordinairement sur l'âtre, soit reçue dans ces seaux et s'y éteigne aussitôt ; en outre, et malgré cette précaution, il fera de temps en temps relever un coin du drap pour éteindre, avec un peu d'eau, la suie qui pourrait tomber contre ce même drap et l'embraser.

279. Le second servant, aidé des habitans de la maison, aura soin de boucher de tous côtés la cheminée, avec le drap qu'il saisira de la main droite par le milieu et qu'il tirera avec force, tandis que les autres maintiendront les bords sur les jambages et sur la tablette de la cheminée ; le mouvement imprimé au drap par le second servant pro-

duit un vide momentané dans le bas de la cheminée, en sorte que la colonne d'air qui pèse sur le tuyau entre avec force pour remplir le vide, fait tomber des parties de suie embrasée qui se trouvent attachées aux parois de ce tuyau, et ramone en quelque sorte la cheminée ; il cèdera ensuite doucement à la pression de l'air de l'appartement qui pousse le drap dans la cheminée, et recommencera à le tirer avec force comme il a fait avant ; il répètera cette manœuvre tant qu'il la jugera nécessaire.

280. Pendant ce temps le chef et le premier servant, l'un portant la hache et l'autre le cordage, visiteront les chambres et les greniers par lesquels passe le tuyau de cheminée, pour s'assurer qu'il n'y a point de crevasses dans sa longueur ; ils poseront les mains sur le mur dans les endroits où ils supposeront que passe ce tuyau, pour juger, par la chaleur, du lieu où est le foyer, de son étendue et de son intensité. Ils s'assureront aussi s'il y a, à la portion du tuyau qui traverse les greniers, un passage de ramoneur, et s'il s'en trouve ainsi que des crevasses, ils les feront surveiller afin d'être sûrs qu'il n'y passe ni étincelles ni flammes qui puissent communiquer le feu aux objets environnans.

281. Lorsqu'après avoir fait les dispositions que l'on vient d'indiquer, le chef s'apercevra que le feu ne diminue pas, il pourra supposer que le tuyau de la cheminée reçoit de l'air par d'autres issues que celles qu'on a bouchées, et s'il en existe, il les fera fermer sur le champ; la position du tuyau et les renseignemens qu'il pourra prendre des habitans, lui serviront à trouver facilement ces issues: mais si, après avoir ôté à l'air tous les passages qu'on lui connait, le feu était encore très fort, et ne paraissait pas diminuer, le chef monterait sur le toit et chercherait à atteindre la tête de la cheminée, en faisant en sorte de dégrader le moins possible la couverture; si la tête de la cheminée était beaucoup plus élevée que le point par lequel on peut arriver sur le toit et qu'il y eût un chéneau, où l'on pût appuyer le pied d'une échelle, il ferait en sorte de s'en procurer une qu'il appliquerait le long du pan de couverture; à défaut de ce moyen, il jetterait par dessus le faîte, son cordage dont il ferait fixer l'extrémité de l'autre côté de la couverture; puis il monterait en s'aidant dudit cordage comme d'une rampe d'escalier: si la trop grande roideur du pan s'y opposait, il ôterait quelques ardoises ou tuiles, et monte-

rait sur les voliges ou lattes comme sur des échelons ; cette dégradation ne doit être faite que dans les cas urgens.

282. Arrivé à la tête de la cheminée, avec la hache, le chef brisera la mitre et en fera tomber les morceaux dans le tuyau ; ceux-ci, lancés avec force et aidés par l'action de la pesanteur, battent les parois de côté et d'autre et entraînant avec eux une partie de la suie, occasionnent en outre un déplacement d'air qui facilite la chûte de celle-ci, et diminuent ainsi l'intensité du feu. Pour éteindre les parties de suie qui restent embrasées, le chef peut aussi jeter par la tête de la cheminée, ou par le passage du ramoneur, quelques seaux d'eau qu'il ferait arriver jusqu'à lui au moyen du cordage ou de toute autre manière ; si c'est par le passage du ramoneur qu'on jette l'eau, il faut avant de l'ouvrir, faire éloigner tous les objets combustibles, et quand on a fini, fermer sur le champ ce passage, afin que la flamme ne pénètre pas dans les greniers.

283. On a dit plus haut que, quelquefois, le tuyau de cheminée recevait de l'air par d'autres issues que celles que l'on a bouchées ; les ventouses à courant d'air et

les cheminées qui se communiquent, sont les cas les plus fréquens; il faut avoir soin de boucher les premières, et cela est ordinairement très-facile; l'examen de ces ventouses suffit pour faire examiner le moyen de les boucher; si elles arrivent entre deux planches de plâtre sur le devant de la cheminée, il suffit d'introduire entre ces deux planches, du foin, de la paille ou des torchons mouillés; si, au contraire, elles arrivent par le bas, on peut mettre devant du fumier ou du linge bien mouillé; quant aux cheminées qui communiquent entr'elles par les tuyaux, il faut faire à chacune et en même temps, ce qu'on a fait à celle où l'on supposait qu'était le feu.

284. La construction des cheminées influe quelquefois sur la manière d'éteindre le feu: il y en a qui sont fermées à la gorge du manteau par des trappes qui ont plusieurs destinations différentes, comme d'empêcher, 1.° que l'air extérieur n'entre dans l'appartement quand il n'y a pas de feu dans l'âtre; 2.° que la fumée des cheminées voisines ne rabatte dans l'appartement; 3.° enfin pour augmenter ou diminuer à volonté le passage de la fumée, lorsque le feu est allumé. Ces trappes offrent, quand

elles ferment hermétiquement, un moyen bien simple de suppléer au drap ou à la couverture mouillée, il suffit de les baisser puisqu'il ne s'agit que d'empêcher le courant d'air.

285. Les cheminées à la *Desarnaud* ayant une plaque mobile qui vient boucher quand on veut le devant de l'âtre, offrent le moyen de se passer de drap mouillé; leurs plaques se baissant à l'aide de manivelles, placées ordinairement sur le côté; les habitans chez lesquels le feu prend, doivent, s'ils ont des trappes à leurs cheminées, ou si ces cheminées sont à la Desarnaud, fermer le passage de l'air aussitôt qu'ils s'aperçoivent que le feu a pris : précaution toujours utile en attendant l'arrivée des Sapeurs-Pompiers qu'ils auront dû faire avertir.

286. Un soin que les Sapeurs-Pompiers doivent prendre dans les feux de cheminées ordinaires, c'est de nettoyer avec un balai de bouleau le tuyau de cheminée, aussi haut qu'ils le peuvent; ils privent par là le feu d'une partie de son aliment, et tendent conséquemment à en diminuer la durée.

287. Quand le feu est éteint, les Sapeurs-Pompiers doivent exiger qu'on fasse monter

un ramoneur dans la cheminée, pour la nettoyer, et examiner s'il n'y a point de crevasses, ou s'il n'existe pas de solives qui traversent le tuyau ; ils ne retourneront à leur poste que quand ils se seront assurés qu'il n'y a plus aucun danger.

288. On emploie divers moyens pour l'extinction des feux de cheminées, dont quelques-uns ont des inconvéniens graves ; on les indiquera ici, plutôt pour engager à les éviter, que pour donner l'idée de les employer.

289. On tire quelquefois des coups de fusil à poudre dans le tuyau de cheminée, pour ébranler la colonne d'air, et faire tomber la suie embrasée qui tient aux parois du tuyau ; cela peut occasionner des crevasses dans les tuyaux, et donner au feu communication avec les greniers, où sont, la plupart du temps, renfermés des objets très-combustibles.

290. Quelques personnes ont proposé un appareil composé d'éponges que l'on mouille, et que l'on applique à la fois à la gorge du manteau et au haut de la cheminée pour ôter au feu toute communication avec l'air extérieur. Ce moyen serait bon, s'il ne produisait pas l'effet de retenir dans le tuyau

l'air qui, s'échauffant considérablement et se dilatant en proportion, presserait fortement les parois et ferait par suite crever le tuyau dans sa partie la plus faible.

291. On a aussi proposé de placer du charbon dans l'âtre, de fermer la cheminée par un drap mouillé, et de jeter sur le charbon, en levant un coin du drap, une poudre sulfureuse qui, employant pour sa combustion une grande partie de l'air contenu dans le tuyau, priverait les substances moins combustibles qu'elle, de celui qui leur est nécessaire pour brûler : ce moyen peut être appliqué, mais il faut qu'il le soit avec discernement, car autrement il pourrait être plus dangereux qu'utile.

### FEUX DE CAVES.

292. Le chef fait allumer le flambeau aussitôt qu'il arrive, afin d'aller, avec le premier servant, reconnaître le feu ; il a soin d'attacher son cordage par un bout au haut de l'escalier, et de descendre à reculons, en le tenant toujours et baissant fortement le corps afin d'éviter que la chaleur et la fumée ne gênent sa respiration. Quand il est arrivé au milieu de la cave, le chef doit,

toujours en tenant son cordage et se baissant jusqu'à terre, chercher à apercevoir le foyer de l'incendie (1), et dès qu'il en a quelque indice, se diriger dessus pour reconnaître la nature du combustible, la position ainsi que l'étendue du foyer, et donner aux secours la meilleure direction possible.

293. La reconnaissance faite, il remonte l'escalier, fait mettre la pompe en manœuvre, prend la lance, et aidé du premier servant, il fait son établissement, qui est presque toujours horizontal et rampant; il a soin de ne faire remplir les boyaux que lorsqu'il est placé à l'endroit qu'il juge le plus convenable pour attaquer, alors il ordonne de manœuvrer.

294. Souvent dans la reconnaissance du feu, comme pendant la manœuvre, la chaleur et la fumée obligent le chef à se retirer pour prendre l'air; dans ce cas il peut se faire suppléer par son premier servant pour continuer son opération, S'il y a un nombre suffisant de Sapeurs, l'officier ou

---

(1) L'expérience et la théorie prouvent que la fumée et l'air chaud occupent la partie la plus élevée de la voûte, et que, par conséquent, dans la partie basse on respire plus facilement et on résiste plus longtemps à la chaleur; néanmoins, on citera plus loin un cas où il est dangereux de suivre cette méthode qui est généralement adoptée et avec raison.

le sous-officier qui les commande, doit faire relever de temps en temps celui qui tient la lance.

295. Pour que la fumée ait moins d'action sur celui qui reconnaît et attaque le feu, il doit mouiller sa cravatte pour la mettre sur sa bouche et sur son nez : la fumée qui traverse est moins épaisse, et il peut aussi lui résister plus long-temps ; c'est une donnée d'expérience qui est souvent utile.

296. Il faut s'attacher plus particulièrement dans les feux de cave que dans les autres, à reconnaître le foyer avec exactitude avant de jeter dessus la première goutte d'eau ; car dès qu'il en est parvenu sur le feu, la fumée devient plus épaisse, et comme elle se dégage bien plus difficilement d'une cave que de tout autre endroit, il s'en suit qu'en un instant il devient impossible de voir autour de soi, et que, si l'on ne savait pas à l'avance de quel côté le jet doit être dirigé, on ne pourrait plus agir qu'au hasard.

297. L'attaque d'un feu de cave doit, autant que possible, avoir lieu par l'escalier ; on a le soin de boucher tous les soupiraux, afin d'ôter le passage à l'air, qui, sans cette précaution, porterait la flamme vers l'éta-

blissement et activerait le feu. Lorsqu'on juge qu'il n'y a plus de danger et qu'on est maître du feu, on les débouche pour laisser évacuer la fumée.

298. Si quelques portes de cave empêchent d'arriver au foyer, il faut se garder de les ouvrir ou de les enfoncer, jusqu'à ce que l'établissement soit terminé et que l'eau soit parvenue à la lance, afin d'éviter que l'air qui s'introduit par ces portes n'augmente l'activité du feu, avant qu'on ait pu commencer l'attaque.

299. Il y a des cas où l'on ne peut absolument pas attaquer par l'escalier; alors on en ferme la porte et l'on bouche tous les soupiraux, excepté celui que l'on croit le plus voisin du foyer, et par lequel on cherche à jeter l'eau dessus. S'il n'est pas possible de voir le feu, on descend les boyaux et la lance, en ayant soin d'attacher au petit bout de celle-ci une corde à ligature dont on retient l'extrémité. Quand la lance est arrivée sur le sol de la cave, on commence à faire manœuvrer, et au moyen de ladite corde, on relève le bout de la lance, et on le change de place, jusqu'à ce que le bruit que l'on entend, quand l'eau tombe sur le feu, fasse juger qu'elle est dans la direction

convenable pour l'éteindre ; on doit éviter, autant que possible, de jeter l'eau contre la voûte, de crainte de faire éclater la pierre des voussoirs, qui peut être considérablement échauffée par l'action du feu.

300. Ce moyen s'emploie également dans les fournils de boulanger, lorsqu'ils sont situés dans les caves, et on profite pour cela de la trémie qui descend au pétrin.

301. On a dit qu'il y avait un cas où il était dangereux de baisser la tête jusqu'à terre, pour reconnaître et attaquer le feu, c'est lorsque le combustible est du charbon, parce qu'il se dégage un gaz plus lourd que l'air (*appelé gaz acide carbonique*), qui, occupant la partie basse de la cave, et n'étant pas respirable, asphyxierait infailliblement ceux qui s'y tiendraient plongés ; il faut alors se tenir dans la partie moyenne où la fumée est moins intense que dans le haut, et où il ne se trouve pas d'acide carbonique.

### FEUX DE REZ-DE-CHAUSSÉE.

302. Les feux de rez-de-chaussée comprennent ceux de boutiques, de laboratoires, de hangards, de remises, d'écuries, etc., etc.

303. Les établissemens que l'on forme pour

éteindre cette espèce de feu, sont de la nature de celui que nous avons appelé horizontal, puisque l'homme qui tient la lance est presque toujours placé sur le même sol que la pompe.

304. Lorsque le feu est dans une boutique, et que malgré les secours il fait des progrès, il peut se communiquer au reste du bâtiment, par les différentes issues et par les entrevoux, il est donc important de bien reconnaître les localités pour juger de quel côté il est plus avantageux d'attaquer.

305. Ordinairement les boutiques communiquent avec une arrière-boutique, et ont une sortie dans l'allée ou sous la porte-cochère, pendant que le devant sur la rue est composé d'une porte et d'un chassis vitré.

306. 1.° Si le feu gagnait du côté de l'arrière-boutique, ce serait par là qu'il faudrait l'attaquer pour le repousser vers le foyer.

307. 2.° Si le feu se faisait un passage par la sortie qui donne dans l'allée ou sous la porte-cochère, on devrait apporter les soins les plus prompts pour empêcher qu'en s'accroissant il ne gagnât l'escalier, et n'ôtât les moyens de retraite aux habitans des différens étages.

308. 3.° La flamme sortant par le devant de la boutique, il serait à craindre qu'elle ne gagnât l'enseigne et ne communiquât, par les croisées, à l'étage supérieur; dans ce cas, il serait nécessaire d'attaquer l'incendie de front, en ayant soin de fermer toutes les issues, excepté celle par laquelle on porte les secours. Dans la supposition où le feu gagnerait l'arrière-boutique et la sortie sur l'allée, le chef devrait avoir la précaution de noircir (1) les portes, pour empêcher que la flamme ne les perçât, et n'établît un courant d'air qui la repousserait vers l'attaque et donnerait plus d'activité au feu.

309. Le principe de noircir les portes est général pour les feux de tous les étages: il est aussi important de noircir les solives et les lattes d'entrevoux, afin d'éviter la communication à l'étage supérieur et de prévenir la chûte des planchers.

310. Dans le cours de l'attaque, le chef de poste, après avoir noirci d'un côté, peut se transporter d'un autre, s'il le juge nécessaire; les établissemens horizontaux lui

---

(1) Ce mot noircir est consacré, dans le corps des Sapeurs-Pompiers, pour exprimer l'action de jeter l'eau sur une partie de charpente ou boiserie atteinte par le feu, et lui donner l'apparence de charbon éteint.

offrent, plus que tous les autres, l'avantage de pouvoir changer de position, puis qu'en faisant redresser ou serpenter les boyaux, il peut avancer ou reculer très promptement, n'ayant pas eu besoin de les fixer, comme dans un établissement rampant ou vertical.

311. Lorsque le chef attaque par un autre côté que le devant de la boutique, il doit faire en sorte de ne pas jeter, sur les vitres, de l'eau qui pourrait les casser et donner passage à l'air et à la flamme.

312. Quand aucune de ces circonstances particulières ne détermine le point par lequel il faut attaquer, on doit toujours choisir celui que la flamme peut le plus facilement entamer ou détruire, et faire surveiller les autres par des hommes qui avertissent d'y porter des secours aussitôt que cela devient nécessaire, et puissent indiquer aux chefs de postes, à mesure qu'ils arrivent, de quel côté ils doivent de préférence s'établir.

313. Tous les feux de rez-de-chaussée sont à-peu-près de même espèce que celui de boutiques, et les principes adoptés pour celui-ci peuvent servir de base à l'extinction des autres ; il y a pourtant quelques cas particuliers dont il est bon de parler.

314. Dans les laboratoires de tous genres, il se trouve souvent des matières huileuses ou spiritueuses, qui s'échauffent facilement et brûlent avec beaucoup d'activité. L'eau qu'on jette dessus, n'arrive jamais en assez grande quantité à la fois pour les éteindre, et lorsqu'il est encore possible d'en approcher, il est préférable de les couvrir avec du fumier ou des couvertures mouillées, sur lesquels on jette ensuite de l'eau pour empêcher qu'ils ne sèchent et ne deviennent eux-mêmes la proie des flammes; il est dangereux de jeter de l'eau immédiatement sur ces matières enflammées, parce que sa chûte en fait jaillir des parties, dont la température beaucoup plus élevée que celle de l'eau, peut causer des accidens fâcheux.

315. Lorsqu'il n'est pas possible d'arrêter la combustion des huiles et des spiritueux, et que l'on voit qu'ils communiquent le feu aux meubles ou à des parties de bâtimens environnans, les Sapeurs doivent particulièrement s'attacher à diriger le jet sur ces derniers objets, pour arrêter les progrès de l'incendie.

316. Les hangards, remises et écuries, offrent aussi des difficultés qui leur sont particulières; pour la plupart du temps,

ces sortes de bâtimens sont destinés à renfermer des objets très-combustibles, comme du bois, des planches, du fourrage, etc. ; la flamme monte rapidement et atteint bientôt la charpente et le lattis ; les Sapeurs doivent, en dirigeant bien leur attaque, avoir le soin de préserver les pièces qui en soutiennent d'autres, et quand ils peuvent prévoir que quelques-unes d'entr'elles sont trop consumées pour résister long-temps à l'action du feu, se placer de manière à n'avoir rien à craindre de la chûte des matériaux.

317. On ne peut présenter que des idées générales sur toutes ces espèces d'attaques, les localités entrant pour beaucoup dans la direction qu'on doit leur donner ; l'expérience devient ici plus utile que la théorie.

### FEUX DE CHAMBRES ET DE PLANCHERS.

318. Pour éteindre les feux de chambre à quelqu'étage qu'on soit, on forme des établissemens qui peuvent être composés de ceux qu'on a appelés horizontaux, verticaux et rampans, ou de ces trois réunis, selon les localités.

319. On observera dans l'attaque de ces sortes de feux les mêmes principes que dans

celle des feux de rez-de-chaussée ; on s'efforcera d'empêcher la communication aux pièces voisines et aux autres étages, en noircissant les portes et les solives et en arrosant les croisées par lesquelles la flamme sortirait, ainsi que celles par où elle pourrait pénétrer.

320. On doit autant que possible attaquer le feu de près, et, lorsqu'il se déclare dans un des étages du bâtiment, ce n'est pas du rez-de-chaussée qu'il faut lancer de l'eau, elle n'atteindrait que la façade et serait sans efficacité ; il faut s'établir de manière que le Sapeur qui tient la lance soit à-peu-près de niveau avec l'endroit incendié ; si cependant des parties extérieures de la façade viennent à s'embraser, on peut les arroser du bas ; dans ce cas même, il vaut mieux s'établir au niveau de l'étage et profiter d'une croisée voisine, pour diriger le jet sur ces objets extérieurs, parce qu'immédiatement après les avoir noircis, on pourra donner à la lance une direction vers l'intérieur.

321. On a dit précédemment, comme règle générale, que tout établissement devait se former en arrivant par l'escalier ; il y a néanmoins des cas où il est avantageux de s'établir en passant par une fenêtre : on va les indiquer.

322. Lorsque la chambre incendiée se trouve éloignée de l'escalier, et qu'elle en est séparée par plusieurs pièces, si on s'astreignait à suivre la règle générale, on serait forcé d'employer une grande quantité de boyaux, et il pourrait arriver que ceux qui garnissent une pompe ne fussent pas suffisans : il est évident qu'on doit alors s'établir par la fenêtre d'une des pièces qui avoisinent celle incendiée, du côté de l'escalier, et attaquer le feu par la porte de la chambre qui en est atteinte ; si dans un escalier très étroit il y avait déjà un établissement de fait, et que l'activité du feu obligeât à en former un autre, il serait à propos de faire passer le second par une fenêtre pour ne pas gêner le premier.

323. Quand c'est à un plancher que le feu se manifeste, on doit, pour l'éteindre, examiner sa construction ou s'en faire informer, et avoir soin d'arroser d'abord les pièces qui soutiennent les autres, telles que les poutres, les solives d'enchevêtrure et les chevêtres, parce que la chûte de celles-ci entraînerait la ruine d'une partie du plancher et pourrait occasionner des accidens graves.

324. Quelquefois les solives d'un plancher

brûlent sans qu'il y ait de feu apparent ; cela peut provenir de deux causes : premièrement, lorsque, par un vice de construction, on a, dans l'établissement des cheminées neuves, oublié de réserver par un chevêtre la place de l'âtre qui doit reposer sur une bande de trémie et non sur des solives ; secondement, lorsque, par un défaut de précaution, on a, en établissant après coup des cheminées, négligé d'y faire des âtres relevés.

325. Ces sortes de feux se décèlent par la chaleur extraordinaire des planchers, parquets ou carrelages. Aussitôt qu'on en a connaissance, il faut faire monter de l'eau en quantité suffisante, lever ensuite avec la hache le plancher ou carrelage, pour mettre les solives à nu, et éteindre les parties embrasées à mesure qu'on les découvre.

### FEUX DE COMBLES.

326. Lorsqu'on s'établit pour un feu de comble, il est prudent de placer la pompe et les boyaux de maniere à éviter la chûte des tuiles ou autres parties de la couverture.

Les établissemens pour les feux de combles

sont de la même nature que ceux indiqués pour les feux de chambres, les attaques doivent aussi être faites par les portes, afin d'éviter les dégradations et les courants d'air; le Sapeur qui tient la lance doit diriger d'abord le jet sur les pièces du comble qui en soutiennent d'autres, ou qui les lient entr'elles. Les fermes destinées à porter les pannes, qui à leur tour soutiennent les chevrons, sur lesquels reposent le lattis et la couverture, sont les parties qu'il faut le plus ménager. Les pièces principales à conserver dans les fermes sont l'arbalétrier, l'entrait et le poinçon; on doit enseigner aux chefs de poste assez de détails de construction pour qu'ils puissent administrer les secours avec intelligence et en tirer le meilleur parti possible.

327. Lorsqu'on attaque un feu de comble par l'intérieur, il faut faire en sorte de ne pas diriger le jet perpendiculairement à la surface du pan de couverture, parce qu'il soulèverait par sa force les tuiles ou ardoises, dégraderait inutilement la couverture et donnerait passage à l'air.

328. Les combles des différentes maisons sont souvent séparés les uns des autres par des murs mitoyens, alors il est peu à

craindre que le feu se communique ; mais dans le cas où le mur mitoyen n'a que la hauteur des fermes, le danger est bien plus grand. Les substances que renferment ordinairement les greniers, et le bois dont les combles sont construits, sont tellement combustibles, qu'il est rare que les secours arrivent à un pareil feu avant qu'il n'ait fait des progrès. C'est un des cas où l'on peut se décider à détruire la croupe ou les fermes du comble incendié, qui sont les plus proches de la maison voisine; mais il n'en faut venir à cette extrémité, que quand la force du vent et l'activité du feu donnent la conviction que, le comble incendié ne pouvant être éteint, sa conservation ne serait qu'illusoire et porterait préjudice aux propriétés adjacentes.

329. Quand il fait beaucoup de vent, le chef doit de préférence attaquer du côté ou la flamme est poussée, afin de préserver les parties qu'elle n'a point encore atteintes.

### GRANDS INCENDIES.

330. Les principes d'établissement et d'attaque que l'on a donnés pour les différens feux trouvent leur application dans les grands incendies ; mais comme il y a plus de

danger dans ceux-ci, et que l'espace occupé par le feu est plus considérable, il est nécessaire de procéder avec beaucoup d'ordre et d'ensemble, afin que les secours ne se contrarient point entr'eux, ce qu'on ne peut obtenir qu'en confiant leur direction à une seule personne.

331. Parmi les officiers ou sous-officiers de Sapeurs-Pompiers présents, le plus élevé en grade, ou, à grade égal, le plus ancien, doit donc être investi de toute l'autorité.

332. Afin que les commandemens puissent être facilement entendus, il doit faire observer le silence par toutes les personnes présentes.

333. Il faut se réserver une enceinte pour le travail, en faisant intercepter, de chaque côté de la maison incendiée, le passage de la rue et garder les extrémités des rues qui aboutissent à cette enceinte, afin d'écarter du lieu de l'incendie les gens inutiles.

334. La force armée doit veiller à ce qu'aucun des hommes utiles ne sorte, à moins que l'officier commandant ne lui ait permis de quitter le travail, et à ce qu'il ne soit emporté aucun effet.

335. Lorsque tous les ordres relatifs à la police auront été donnés, l'officier ou sous-officier commandant reconnaîtra les établis-

semens que les différens chefs de poste ont pu faire, et s'il s'en trouve d'inutiles ou de défectueux, il les fera supprimer ou rectifier.

336. Il s'occupera ensuite à faire arriver l'eau, ou à régulariser les moyens de s'en pourvoir, en faisant ouvrir toutes les portes qui donnent accès à des puits, pompes, ou réservoirs; fera prévenir les fontainiers afin qu'ils dirigent l'eau sur toutes les fontaines du quartier, pour remplir les tonneaux qui se présenteront; enverra chercher des seaux à incendie dans les dépôts du corps des Sapeurs-Pompiers, des commissaires de police, des mairies, et enfin des établissemens publics environnans. Des Sapeurs ou d'autres personnes, commises à cet effet, conduiront les tonneaux aux endroits où l'eau sera le plus nécessaire.

337. Le nombre de pompes établies doit être proportionné à l'étendue du foyer de l'incendie, et à la quantité d'eau qu'on peut se procurer; car si les établissemens étaient trop rapprochés les uns des autres, le jet de l'une des pompes incommoderait les hommes qui seraient employés à l'autre, en sorte que leur grand nombre deviendrait plus nuisible qu'utile; et si l'eau n'arrivait pas assez abondamment pour alimenter toutes

les pompes, quelques-unes pourraient être obligées de cesser la manœuvre au moment où elle serait le plus efficace, il vaut donc mieux se contenter d'alimenter un plus petit nombre de pompes, que de s'exposer à les voir manquer toutes.

338. Pendant les grands froids, il est bon que la manœuvre des pompes ait lieu constamment, afin que l'eau ne gèle pas dans les corps de pompe et dans les boyaux.

339. Si un escalier était incendié, entre le rez-de-chaussée et le premier étage, on passerait, au moyen d'échelles, par les croisées du premier étage, et on s'y établirait pour empêcher le feu de monter plus haut; et si le feu était parvenu entre le premier et le deuxième, ce serait par les fenêtres du second étage que l'on devrait s'introduire pour attaquer; si l'escalier était brûlé au deuxième, et qu'on n'eût pas d'échelle à crochets pour monter d'un étage à un autre, on pourrait essayer de le faire en se servant d'une échelle ordinaire; et enfin, si cela n'était pas possible, on percerait le plancher au-dessous de l'âtre de la cheminée de l'étage supérieur, où il est probable que l'on ne rencontrerait pas de solives.

# CHAPITRE V.

## *Réunion de plusieurs pompes.*

340. Dans l'exercice régulier, on n'a parlé que d'une seule pompe, mais on croit devoir faire connaître l'application de ces principes à la réunion de plusieurs.

341. Les pompes étant placées en ligne, l'instructeur, après avoir désigné les chefs et les servants de chacune, fera prendre les positions et lever la flèche par les commandemens prescrits aux n$^{os}$ 50 et 51.

342. Il fera ensuite prendre un numéro d'ordre à chaque chef en commençant par la droite et les faisant compter à voix haute ; et lorsqu'il voudra faire prendre l'alignement, il devra toujours faire avancer de quelques pas la pompe qui doit servir de base à l'alignement, de manière que toutes les autres soient en arrière de celle-ci, et ne soient pas obligées de reculer pour s'aligner.

Toutes les fois que le terrain le permettra, il devra y avoir dix pas d'intervalle entre chaque pompe, lorsqu'elles seront en ligne, et six pas lorsqu'elles seront en colonne.

343. Les conversions de pied ferme, les demi-tours, les marches en avant et en arrière, l'exercice en cinq temps, l'établissement en cinq temps et le chargement en neuf temps s'exécuteront comme il est dit dans le chapitre second.

344. Lorsque l'instructeur voudra faire passer de l'ordre en ligne à l'ordre en colonne, la droite ou la gauche en tête, il commandera :

*A droite* ( ou *à gauche* ) *en colonne.*
*Marche.*

345. Au premier et au deuxième commandement on exécutera ce qui est prescrit aux n$^{os}$ 56, 57 et 58; les chefs répéteront le commandement *marche.*

346. Lorsque l'instructeur voudra faire marcher la colonne en avant, il commandera :

*Colonne en avant.*
*Marche.*

347. Au deuxième commandement que les

chefs répéteront vivement, on exécutera ce qui est prescrit au n° 68.

348. Lorsque l'instructeur voudra faire changer de direction à la colonne, il fera placer des jalonneurs aux points où les changemens de direction devront avoir lieu, et commandera ensuite :

*Tête de colonne* ( *à droite* ou *à gauche* ).

349. Quelques pas avant d'arriver au point de conversion, chaque chef commandera *tournez à droite* ( ou *à gauche* ), et lorsque les deux servants seront à hauteur du jalonneur, le chef commandera *marche.*

350. A ce commandement on exécutera ce qui est prescrit au n°. 72.

351. Lorsque l'instructeur voudra faire arrêter la colonne, il commandera :

*Colonne*
*Halte.*

Chaque chef répétera vivement le commandement *halte.*

352. Lorsque l'instructeur, après avoir fait arrêter la colonne, voudra la mettre en ligne, il commandera :

*A droite* ( ou *à gauche* ) *en ligne.*
*Marche.*

353. Au premier et au deuxième commandement, on exécutera ce qui est prescrit aux nos 56, 57 et 58.

354. La colonne étant en marche, si l'instructeur veut la former sur la droite ou sur la gauche en ligne, il placera un jalonneur au point où il voudra appuyer la droite, et toujours à dix pas en dehors de la colonne, et commandera :

*Sur la droite* ( ou *sur la gauche* ) *en ligne.*
*Marche.*

355. Le chef de la première pompe commandera aussitôt :

*Tournez à droite* ( ou *à gauche* ).
*Marche.*

356. Au commandement *marche*, les deux servants exécuteront ce qui est prescrit au n°. 72, et après avoir tourné, marcheront en avant, jusqu'au commandement *halte* fait par le chef à l'instant où ils seront près du jalonneur.

Toutes les autres pompes continueront de marcher en avant, et ne devront converser, pour se porter sur la ligne, que lorsqu'elles seront arrivées à la distance prescrite. Chaque chef fera les mêmes commandemens que le premier.

*Observations.*

357. Lorsque l'instructeur voudra arrêter la colonne, il devra faire prendre le pas ordinaire et les distances si elles sont perdues, afin d'éviter les accidens qui pourraient arriver, s'il arrêtait la colonne au pas de course.

358. Lorsque l'instructeur voudra faire exécuter l'exercice précipité, il commandera :

*Exercice précipité.*

*En manœuvre.*

Les chefs répéteront ces commandemens et feront ensuite le commandement :

*Deux.*

359. Lorsque les chariots seront ôtés, chaque chef tenant la traverse de la flèche, conduira son chariot à l'endroit désigné par l'instructeur pour former le parc, et mettra la flèche à terre.

Le chef n°. 2 conduira le sien, l'arrière appuyant à l'extrémité de la flèche du premier, et placé de manière que les axes des deux chariots fassent entr'eux un angle droit : tous les autres chefs placeront leur chariot à la suite et dans la direction de l'axe du second.

360. Lorsque les murs auprès desquels le parc sera formé, feront un angle entr'eux,

les chariots seront placés sur une seule ligne parallèle à l'un des murs.

361. Lorsque l'instructeur voudra faire exécuter l'établissement précipité, il commandera :

*Établissement précipité.*
*Démarrez.*

Les chefs répéteront ces commandemens, et feront ensuite le commandement :

*Deux.*

362. Lorsque l'instructeur voudra faire exécuter ou cesser la manœuvre, il l'ordonnera à chaque chef.

Le n° 1, donnera un coup de sifflet simple.

Le n° 2, un coup de sifflet double.

Le n° 3, un coup de sifflet double et un simple.

Le n° 4, deux coups de sifflet doubles.

Le n° 5, un coup de sifflet simple et un double.

Le n° 6, un coup de sifflet simple, un double et un simple.

363. Le coup de sifflet simple doit être prolongé, le coup de sifflet double est composé de deux coups détachés le second prolongé; entre les doubles et les simples les intervalles

doivent être plus grands. S'il y a plus de six pompes en ligne, on forme une nouvelle série qui commence à la septième pompe, les commandemens sont ceux de la 1re série, mais ils doivent être précédés d'une cadence.

364. Toutes les fois que les seconds servants seront placés de manière à ne pas entendre les commandemens des chefs, les premiers servants répéteront les commandemens. Les seconds servants avant de faire commencer la manœuvre ou de la faire cesser, devront être bien certains que les coups de sifflet s'adressent à eux.

365. Après la manœuvre lorsque l'instructeur voudra faire mettre les pompes en état d'être rechargées sur leurs chariots, il fera les mêmes commandemens que dans la 4.e leçon de l'exercice régulier.

366. L'instructeur voulant ensuite faire exécuter le chargement précipité, commandera :

*Chargement précipité.*
*Chargez.*

Les chefs répéteront ces commandemens, et feront ensuite les commandemens :

*Deux* et *trois.*

# CHAPITRE VI.

## *Établissemens fixes, et service particulier aux théâtres.*

367. L'EXPÉRIENCE ayant prouvé que lorsque le feu prend dans une salle de spectacle, il fait des progrès tels, que des secours du dehors arriveraient toujours trop tard ; on a jugé indispensable d'y faire des établissemens fixes, et de les faire surveiller avec assez de vigilance pour que le danger fût arrêté dès son principe. On va donner une idée de ces établissemens, ainsi que des précautions prises pour qu'ils aient tout l'effet qu'on en doit attendre.

368. Dans les grands théâtres, il y a plusieurs pompes qui fournissent de l'eau à différentes hauteurs ; dans les théâtres plus petits, on se contente d'une seule pompe. Ces machines sont ordinairement placées dans les caves, de manière que les travailleurs soient à l'abri et puissent manœuvrer pendant tout le temps de l'incendie.

369. Les pompes sont au-dessus ou auprès de réservoirs constamment remplis, soit par des fontaines de la ville, soit au moyen de pompes à puits ; elles peuvent être, suivant la disposition du réservoir, foulantes ou aspirantes ; dans ces dernières qui sont préférables, l'aspiral est remplacé par un tube en cuivre : à la sortie, au lieu d'un boudin et d'une demi-garniture, on raccorde un tuyau en plomb ou en cuivre qui, passant à travers la voûte de la cave, va d'abord sur le théâtre et monte ensuite jusque dans les combles de la salle ; aux différens étages, ce tuyau, au lieu d'être continu, est interrompu par un robinet à deux eaux qu'il suffit de tourner, pour que l'eau puisse arriver à cet étage, et de laisser ou de remettre dans sa position primitive, pour que cette même eau monte aux étages supérieurs. Ces robinets sont dans de petites armoires fermant à clef, afin que les personnes chargées du service puissent seules y toucher. Chacune de ces armoires contient une ou plusieurs demi-garnitures destinées à être vissées sur l'orifice du robinet, et qui étant armées d'une lance, servent à porter le jet partout ou il peut être nécessaire.

370. Outre ces demi-garnitures, les armoires contiennent des seaux et des éponges

à main, propres à éteindre le feu quand il est à portée, ou lorsqu'il n'est pas assez considérable pour qu'on ait besoin de recourir à la pompe.

371. Dans chaque armoire il y a un cordon qui correspond à la sonnette placée dans l'armoire inférieure, en sorte que si l'on a besoin d'eau à l'étage supérieur, le Sapeur qui est en faction sonne, celui de l'étage au-dessous sonne de même, et ainsi de suite jusqu'à la cave où se trouvent les travailleurs qui doivent être toujours prêts à manœuvrer.

372. Les Sapeurs placés aux armoires intermédiaires ne doivent point toucher à leur robinet, afin que l'eau monte jusqu'à celle d'où est parti le premier coup de sonnette.

373. Quand le Sapeur qui a donné ce premier coup de sonnette n'a plus besoin d'eau, soit parce le feu est éteint, soit parce qu'il ne peut plus atteindre à son foyer, il donne un nouveau coup de sonnette qui est répété par les autres Sapeurs jusqu'à la cave, et qui fait cesser la manœuvre.

374. Lorsque le Sapeur qui a sonné le premier, sonne une seconde fois pour arrêter la manœuvre, et que celui qui est au-dessous

de lui s'aperçoit, que le feu a gagné plus bas, et qu'il est à sa portée, au lieu de sonner pour arrêter la manœuvre, il devra se contenter de tourner le robinet de son armoire, pour que l'eau vienne dans la demi-garniture qu'il tient, et s'établir pour éteindre ; ce n'est que lorsque le feu sera tout à fait éteint, ou qu'il se trouvera dans la même position que le premier, qu'il sonnera pour faire arrêter. Dans les théâtres où il y a plus d'une pompe, on peut avoir plusieurs jets à la fois et à différentes hauteurs, s'il est nécessaire ; mais dans ceux où il n'y en a qu'une, on ne peut obtenir qu'un seul jet à la fois.

375. On a aussi auprès de chaque armoire, des perches armées d'éponges, pour atteindre plus loin qu'avec celles à main, et des croissants pour couper les cordages, et faire tomber les parties enflammées.

376. Pendant les représentations, on place un Sapeur-Pompier à chaque armoire ; les boyaux sont tous montés sur l'orifice du robinet, la lance sur les boyaux, et ceux-ci pliés de manière à se développer facilement dès que le Sapeur prend la lance et court vers l'endroit incendié, toutefois après avoir sonné et tourné son robinet.

377. Les Sapeurs ainsi placés, doivent toujours avoir les yeux fixés sur les décors et les portants de lumière, afin de s'apercevoir du feu dès sa naissance, et d'y porter les plus prompts secours, soit en se servant du jet de la pompe, soit au moyen des éponges, selon que le feu est plus ou moins considérable.

378. Indépendamment des secours dont il vient d'être parlé, on a établi dans plusieurs théâtres des réservoirs supérieurs, qui communiquent avec chaque étage, au moyen de tuyaux de descente fermés par des robinets, et de manière qu'ayant toujours une demi-garniture montée sur l'orifice de ces robinets, il suffise de les tourner pour que l'eau y vienne ; les jets que l'on obtient ont une élévation qui augmente avec celle des réservoirs.

Les tuyaux de descente étant en charge, les hommes qui veillent la nuit à la sûreté de la salle, n'ont alors qu'à tourner les robinets, et à développer les boyaux, pour arriver auprès du feu dès qu'ils en aperçoivent.

379. Un seul réservoir peut donner plusieurs jets à la fois avec un seul tuyau ; mais pour obtenir ce résultat, il faut que

le tuyau, qui conduit l'eau à chaque orifice, soit assez large pour en débiter une quantité égale à la dépense de tous les orifices qu'il alimente.

380. Après la représentation il reste des Sapeurs qui exercent une surveillance générale, en faisant des factions sur le théâtre et des tournées dans les ceintres pour voir s'il n'y a pas de feu qui couve. Ces tournées doivent être fréquentes, et se faire ou sans lumières ou avec des lanternes, et toujours une éponge à la main. Avec de telles précautions on ne craint pas que les accidens assez multipliés qui arrivent dans certains théâtres puissent jamais avoir de suites graves.

*Améliorations proposées pour préserver les salles de spectacle en cas d'incendie.*

381. Lorsque le comble du théâtre est en communication avec celui de la salle, et ceux des foyers et loges d'acteurs, si le feu se manifeste à l'un d'eux, l'embrasement est si rapide qu'il devient général avant l'arrivée des secours, quelque prompte qu'elle soit; pour éviter ce danger, on sépare le théâtre de la salle proprement dite, au

moyen d'un mur de pierre ou de brique qui monte jusqu'au dessus du comble, en sorte qu'il y ait solution de continuité entre le comble du théâtre et celui de la salle. Au milieu de ce mur est pratiquée une grande ouverture dont la largeur et la hauteur sont celles nécessaires pour la scène. Cette ouverture peut être fermée par un rideau de toile métallique ; on pense que ce rideau est préférable à un rideau en tôle ; ce dernier serait, en cas d'incendie, susceptible de rougir promptement et de céder ensuite à la pression de l'atmosphère. Le rideau de toile métallique laissant un libre passage à l'air, dont le courant s'établit de la salle au théâtre, que l'on suppose embrasé, sera constamment refroidi et ne sera par conséquent pas sujet à rougir aussi promptement que le rideau de tôle. Le sens du courant d'air, s'établissant de la salle au théâtre, les flammes et la fumée seront repoussées vers le théâtre et leur communication avec la salle devient moins probable.

382. Le foyer et le vestibule, ainsi que les logemens et loges d'acteurs, doivent aussi être séparés de la salle et du théâtre par des gros murs, sur lesquels on fait reposer les combles divisés comme il a été dit plus haut. On

doit faire aussi des combles particuliers pour couvrir les parties du bâtiment destinées au vestibule, au foyer et aux loges d'acteurs : encore est-il bon de les séparer par des cloisons légères en briques ; lorsqu'ils sont d'une grande étendue.

383. Afin de diminuer les chances d'incendie dans les théâtres, on a proposé de faire tremper pendant quelque temps tous les bois destinés à leur construction dans une dissolution d'alun, pour en rendre la combustion difficile.

384. Pour empêcher les toiles, dont on fait les décors, d'être inflammables, on a proposé un enduit qui n'altérerait pas sensiblement la peinture. Des expériences ont été faites pour obtenir ce résultat et elles ont été couronnées du succès.

385. On a aussi imaginé de faire les décors sur des étoffes de laine, qui ne brûlent que très-lentement, presque sans flammes, et en dégageant une odeur, facile à reconnaître, qui avertit, dès le premier moment de la combustion.

386. Toutefois la force de l'habitude est telle, que depuis que ces moyens sont connus, on a construit plusieurs salles de spec-

tacles où ils n'ont point été employés, malgré le grand avantage qu'ils auraient de donner le temps de porter les secours en cas d'incendie.

387. Les théâtres doivent être munis d'une grande quantité de seaux à incendie, et il doit y en avoir un assez grand nombre constamment pleins.

388. De grandes échelles ordinaires doivent être attachées à l'extérieur afin que l'on puisse facilement les trouver au besoin.

389. Il faudrait aussi qu'il y eût sur les combles des échelles en fer, placées auprès des lucarnes et montant jusqu'au faîte, qui serviraient aux couvreurs, pour l'entretien de la couverture, et surtout aux Sapeurs, en cas d'incendie.

390. Les théâtres ne doivent être habités que par les portiers et concierges, qui devraient toujours être logés au rez-de-chaussée, afin que les personnes qui vont chez eux pour affaires, ne soient pas obligées de passer par les escaliers et corridors.

391. Il serait à désirer que l'escalier, qui mène aux bureaux de l'administration, fût indépendant du reste du bâtiment.

392. Pendant la nuit, il doit y avoir des hommes de veille réunis dans une pièce voisine de l'endroit où sont les pompes, qu'ils seraient chargés de manœuvrer en cas d'incendie.

### *Établissemens provisoires dans les fêtes publiques et particulières.*

393. Les établissemens fixes dont on vient de parler pour les salles de spectacle, sont applicables à tous les lieux destinés à recevoir de grandes réunions, il serait à désirer qu'on en pratiquât dans tous afin de prévenir les accidens.

394. Dans les fêtes publiques pour lesquelles on construit souvent de grandes salles qui doivent être démontées immédiatement après, il serait trop dispendieux de préparer des établissemens comme ceux qu'on a décrits; pour y suppléer on peut se servir de pompes mobiles que l'on place de manière que les travailleurs destinés à les manœuvrer, n'aient aucun risque à courir des suites de l'incendie que l'on se propose d'arrêter. Au lieu de tuyaux en cuivre ou en plomb, on se sert de demi-garnitures en cuir que l'on fait passer à travers les cloisons et planchers, par des trous qu'on réserve à cet effet, en cons-

truisant les salles ; on les fixe au moyen de collets ou de cordages , et on établit un système de sonnettes pour la correspondance des postes.

395. Quand il n'y a pas auprès de la pompe , un réservoir , ou un puits au moyen duquel on puisse l'alimenter , on y place des tonneaux ou des futailles qu'on remplit d'eau.

396. Les accessoires , comme éponges , éponges à perche , croissants , etc. , sont les mêmes que dans les salles de spectacles.

397. Quelques personnes ont craint qu'en voyant les Sapeurs-Pompiers dans une salle de réunion , on ne conçût l'idée du danger ; il semble plus raisonnable de croire que leur présence inspirera la sécurité.

398. Il est facile de se convaincre qu'ils doivent être placés dans l'intérieur de ces salles ; car dans une fête où il se trouve au moins autant de dames que d'hommes , s'il arrive un accident , il cause un effroi et par suite un désordre très-grand , chacun court vers les portes pour fuir le danger , et il serait impossible , si les Sapeurs étaient placés à l'extérieur , qu'ils pussent pénétrer pour porter les premiers secours , avant que

la salle fût entièrement vide ; et d'après la nature de ces sortes de constructions, il est probable que les progrès du feu seraient tels qu'ils arriveraient beaucoup trop tard. Malheureusement l'expérience est venue à l'appui de cette assertion, en 1810, dans une fête donnée à Paris par S. A. S. le prince de Shwartzenberg.

399. Les angles des salles sont en général les points les plus avantageux pour disposer des secours, parce qu'ils sont assez ordinairement éloignés des portes, et par conséquent libres avant tous les autres points.

*Incendie dans les villages et autres lieux éloignés des secours.*

400. Les moyens à employer dans ces sortes d'incendie, sont les mêmes qui ont été déjà indiqués ; mais on est souvent obligé à cause de l'éloignement des secours de sacrifier les maisons adjacentes à celles incendiées, pour éviter que le feu ne se communique plus loin. La nature des couvertures, qui sont ordinairement en chaume, oblige à les démolir, sans quoi le feu se communiquerait en un clin-d'œil à toutes les maisons qui se touchent, et pour éviter la perte de deux maisons, on risquerait d'en voir brûler un

bien plus grand nombre. Une infinité d'exemples a prouvé la nécessité de ce sacrifice. Ces sortes de démolitions sont plus faciles, et la perte qu'elles occasionnent est moins grande dans un village que dans une ville, à cause de la nature des constructions, de la moindre hauteur des maisons, du peu de valeur des meubles, et de la facilité qu'on a de les déménager.

401. Lorsque des meules de grains sont embrasées, il faut en éteindre toute la surface et enlever les bottes par lits, en commençant par la partie supérieure et en arrosant à mesure; ensuite il faut les éparpiller et les laisser refroidir avant de les remettre en tas, car autrement le feu pourrait y reprendre.

# CHAPITRE VII.

## *Gymnastique.*

402. Principaux exercices nécessaires à l'instruction des Sapeurs-Pompiers.

1°. Passer sur des poutres fixes ou vacillantes, en portant des personnes ou des fardeaux.

2°. Sauter en profondeur, largeur et hauteur.

3°. Lutter de plusieurs façons, pour développer la force des muscles et l'adresse du corps.

4°. Monter à des échelles droites ou renversées avec les pieds sans les mains, ou avec les mains sans les pieds ; grimper au haut d'un mât, d'une perche, le long d'une corde unie ou nouée ; descendre ou se laisser glisser en s'aidant des objets que l'on rencontre ; traverser un certain espace en se tenant suspendu par les mains à une poutre, une perche, une corde tendue ou lâche.

5°. Marcher et courir sur des terrains difficiles et parsemés d'obstacles.

403. Ces exercices ont pour objet de développer les facultés physiques, de régler le courage, et d'accoutumer à braver le danger avec sang froid, en inspirant aux hommes de la confiance dans leur force et dans leur adresse.

*Moyens pour sauver les personnes en danger dans les incendies.*

404. Lorsque l'on s'est occupé des moyens de sauver les incendiés, on a dû penser tout naturellement, à employer des échelles, mais dans la plupart des cas, on a vu, qu'avec des échelles ordinaires, on ne pourrait pas atteindre jusqu'aux étages élevés où peuvent se réfugier les habitans d'une maison.

405. On a donc imaginé des machines plus ou moins ingénieuses, toutes méritant des éloges, quant à la conception, mais dont l'application est très-difficile, attendu leur pesanteur qui oblige à mettre plusieurs hommes pour les transporter; leur volume, qui empêche de les introduire dans des cours qui n'ont qu'une allée pour issue, et de les remiser facilement; et enfin leur prix, qui empêcherait de les multiplier, si elles pouvaient être adoptées.

406. L'expérience a fait voir que les pro-

grès d'un incendie sont très-rapides lorsque l'escalier de la maison est embrasé ; il faut donc que les moyens de sauvetage arrivent aussitôt que les pompes. C'est l'avantage que présentent les deux espèces d'échelles décrites dans le Chapitre premier. Les unes, dites italiennes, sont attachées aux pompes ; les autres, dites à crochets, sont très-légères, et un homme peut courir en en portant une sur son épaule.

407. Lorsqu'on est parvenu aux fenêtres au moyen de ces échelles, on peut les employer pour faire descendre les personnes, et se servir aussi de brassières et de cordages.

408. Les personnes peuvent être également sauvées au moyen d'un sac dont on se sert depuis long-temps à Genève (1).

409. Les cordages peuvent être très-utiles pour sauver les personnes, lorsque les escaliers ne sont pas praticables, et comme la manière de les employer dépend des localités et

(1) Ce sac est une espèce de boyau en toile, de deux ou trois pieds de diamètre, que l'on attache à une croisée, par l'une de ses extrémités ; l'autre extrémité est tenue en bas ou à l'une des croisées de la maison en face par plusieurs personnes. Ce sac doit avoir une inclinaison vers le sol qui soit telle que la personne que l'on met dedans puisse glisser doucement.

des circonstances, il est bon d'enseigner aux Sapeurs-Pompiers ce genre d'exercice, en leur proposant un grand nombre de difficultés qui peuvent se présenter dans les incendies.

410. Une grande banne ouverte et tenue par plusieurs personnes, ou attachée à des points fixes, au-dessous des croisées, peut être employée d'une manière avantageuse pour recevoir les incendiés que les circonstances, ou la peur, obligent à se jeter par les fenêtres.

411. Ces différentes espèces de secours ne doivent jamais être confiés à des mains inhabiles, car, il ne suffit pas de connaître la manœuvre des appareils, il faut encore savoir juger des cas où l'on peut s'en servir utilement.

412. Il arrive souvent que, dès que les pompes sont mises en manœuvre, le danger cesse pour les personnes; il faut alors s'occuper de les rassurer en se transportant auprès d'elles.

413. Si l'on n'avait à sa disposition aucun des moyens déjà décrits pour y arriver, on pourrait s'envelopper d'un drap mouillé et traverser rapidement les parties incendiées, pour peu qu'elles soient praticables.

# CHAPITRE VIII.

*Organisation du corps des Sapeurs-Pompiers de la Ville de Paris. Détails sur son service et sur les moyens employés pour accélérer le départ des secours. Aperçu sur les Sapeurs-Pompiers des départemens.*

414. ORDONNANCE du Roi portant réorganisation du corps des Sapeurs-Pompiers de la ville de Paris (*Bulletin des Lois*, 7e *série*, *n*° 491).

A Paris, le 7 novembre 1821.

LOUIS, par la grâce de Dieu, ROI de FRANCE et de NAVARRE, à tous ceux qui ces présentes verront, salut:

Vû le décret du 18 septembre 1811, portant création d'un corps de Sapeurs-Pompiers pour la ville de Paris;

Vû notre ordonnance du 23 juin 1819, qui, en réduisant le service de la garde nationale de Paris, a prescrit que l'organisation du corps des Sapeurs-Pompiers serait déterminée de manière à le mettre en état de concourir de plus en plus au service d'ordre et de police;

Considérant que, quoique, d'après la destination spéciale de ce corps et la nature de son service, les frais de son entretien soient à la charge de la ville de Paris, l'importance des établissemens dont la conservation est confiée à sa vigilance, exige qu'il soit tenu au complet, et rend sa bonne administration un objet d'intérêt général ;

Qu'il est d'ailleurs indispensable qu'un corps chargé de concourir avec la garnison de Paris au maintien de la tranquillité publique, soit soumis aux réglemens et à la discipline militaire ;

Voulant, pour ces motifs, faciliter le recrutement du corps des Sapeurs-Pompiers, assurer sa bonne composition, et donner à ses chefs l'autorité nécessaire ;

Sur le rapport de nos ministres secrétaires-d'État de la guerre et de l'intérieur ;

Notre conseil entendu,

NOUS AVONS ORDONNÉ ET ORDONNONS CE QUI SUIT :

ART. Ier. Le corps des Sapeurs-Pompiers de notre Bonne Ville de Paris, comptera, à l'avenir, dans le complet de l'armée, déterminé par l'article 5 de la loi du 10 mars 1818 ; toutefois il continuera à être entretenu aux frais de la ville de Paris.

II. Ce corps sera composé d'un état-major, et de quatre compagnies de cent cinquante-six hommes chacune, organisées ainsi qu'il suit:

| ÉTAT-MAJOR. | OFFICIERS. | SOUS-OFFICIERS. et sapeurs-pompiers. |
|---|---|---|
| Commandant ayant le grade de chef de bataillon ou de lieutenant-colonel | 1 | » |
| Adjudant-major capitaine | 1 | » |
| Capitaine-ingénieur | 1 | » |
| Adjudans sous-officiers | » | 2 |
| Maîtres-ouvriers | » | 2 |
| | 3 | 4 |

| EMPLOIS CIVILS. | | |
|---|---|---|
| | Trésorier | 1 |
| | Chirurgien-major | 1 |
| | Aide-chirurgien | 1 |
| | Garde-magasin | 1 |
| | Marinier | 1 |
| | | 5 |

| COMPAGNIES. | OFFICIERS. | SOUS-OFFICIERS. et sapeurs-pompiers. |
|---|---|---|
| Capitaine | 1 | » |
| Lieutenant | 1 | » |
| Sergent-major | » | 1 |
| Sergens | » | 5 |
| Caporal-fourrier | » | 1 |
| Caporaux | » | 20 |
| Tambours | » | 2 |
| Sapeurs-Pompiers | » | 125 |
| Force d'une compagnie | 2 | 154 |
| Force de quatre compagnies. | 8 | 6[illegible] |
| Complet du corps | 16 | [illegible]20 |
| TOTAL | 636 | |

III. Les officiers du corps seront nommés par nous, sur le rapport de notre ministre secrétaire-d'État au département de la guerre, d'après un état de proposition du préfet de police, approuvé par notre ministre secrétaire d'État au département de l'intérieur.

IV. Les officiers du grade de lieutenant seront choisis parmi les sous-officiers du corps ou les officiers des différens corps de l'armée qui demanderont à y être admis.

V. Les officiers du corps rouleront entr'eux pour l'avancement, soit au choix, soit à l'ancienneté.

La nomination du commandant aura toujours lieu au choix entre les lieutenans-colonels ou les chefs de bataillon de l'armée et les capitaines du corps.

VI. Les officiers prendront rang dans l'armée d'après leur ancienneté de grade.

VII. Les sous-officiers seront choisis par le préfet de police, sur la présentation du commandant, parmi les Sapeurs-Pompiers qui rempliront les conditions déterminées par notre ordonnance du 2 août 1818 sur l'avancement de l'armée.

Leur nomination sera soumise à l'approbation de notre ministre de la guerre.

VIII. Le trésorier, le chirurgien-major, l'aide-chirurgien, le garde-magasin et le marinier, seront nommés par le préfet de police, et leur nomination sera soumise à notre ministre de l'intérieur.

IX. La durée des engagemens volontaires pour les Sapeurs-Pompiers est fixée à huit ans; celle des rengagemens à deux, quatre ou huit ans.

Les engagemens ne seront définitifs que lorsque le préfet de police aura reconnu que les engagés réunissent les qualités requises pour le service du corps.

X. En cas d'insuffisance des enrôlemens volontaires, le corps sera complété au moyen de l'admission des hommes des divers corps de l'armée qui demanderaient à y achever leur temps de service, d'après le mode prescrit par notre ordonnance du 5 avril 1820, concernant le recrutement de la gendarmerie royale.

XI. Les changemens qu'il sera nécessaire d'apporter aux réglemens sur le service de l'administration du corps, nous seront soumis par notre ministre de l'intérieur, qui les concertera préalablement avec notre ministre de la guerre.

XII. Les dispositions des ordonnances, décrets et réglemens antérieurs, contraires à la présente ordonnance, sont et demeurent abrogées.

XIII. Nos ministres secrétaires d'État aux

départemens de la guerre et de l'intérieur sont chargés, chacun en ce qui le concerne, de l'exécution de la présente ordonnance.

Donné à Paris, en notre château des Tuileries, le 7e jour du mois de novembre de l'an de grâce 1821, et de notre règne le vingt-septième.

*Signé* LOUIS.

*Par le Roi* :

*Le Ministre secrétaire d'État de la guerre*,
*Signé* Marquis V. DE LATOUR-MAUBOURG.

*Détails sur le service.*

415. Le corps des Sapeurs-Pompiers de la ville de Paris est réparti sur quatre points principaux ; savoir :

L'état-major, quai des Orfèvres, n° 20.

Les 1re et 4e compagnies, rue du Vieux-Colombier n°. 15 (1).

La 2eme compagnie, rue de la Paix, n°. 4.

La 3eme compagnie, rue Culture-Sainte-Catherine n°. 9.

416. Il fournit 155 hommes par jour répartis dans 41 postes dont cinq grands qui sont

(1) On a le projet de placer l'une de ces compagnies dans une autre caserne, ce qui sera très-avantageux pour la santé des Sapeurs, leur instruction et la célérité du service.

chargés du service de police, indépendamment de celui des incendies (1).

417. Les postes chargés seulement du service des incendies, sont ordinairement composés d'un chef et de deux Sapeurs dont le plus ancien est premier servant.

418. En arrivant au poste, le chef de la garde montante reçoit tout en consigne, de celui qui descend la garde. Ensuite le chef et les deux servans retirent la chenille de leurs casques qu'ils placent sur une tablette, suspendent leurs sabres au porte-manteau et mettent leurs bonnets de police.

419. Les postes sont éclairés la nuit par des appliques (2) qui sont placées en dedans, de manière que la lumière soit aperçue de l'extérieur ; elles ne doivent jamais être dérangées de leur place. Indépendamment de ces appliques, on fournit une chandelle pour 24 heures, afin d'avoir au besoin une lumière portative.

---

(1) On trouve à la fin du chapitre une situation des corps-de-garde de Sapeurs-Pompiers.

(2) On croit qu'il serait bon d indiquer la nuit chaque poste de Sapeurs-Pompiers, par une lanterne de forme particulière, placée à l'extérieur et en saillie pour qu'on puisse la voir de loin.

420. Les trois hommes restent constamment habillés afin de ne pas perdre de temps lorsqu'il faut aller au feu ; il y en a toujours un qui veille.

A la nuit, le chef du poste fait ranger les bancs et autres effets qui pourraient intercepter le passage du corps de garde à la pompe, et veille à ce que rien ne puisse retarder le départ.

421. Le chef de poste qui met sa pompe en manœuvre pour l'attaque d'un feu, doit envoyer aussitôt son premier servant à l'état-major du corps ou à une caserne de Sapeurs-Pompiers qui serait plus rapprochée, pour donner promptement des renseignemens positifs sur l'incendie, afin que l'on puisse faire conduire les secours nécessaires. Il envoie prévenir le commissaire de police du quartier pour toute espèce de feu.

422. Les Sapeurs-Pompiers ne doivent, sous aucun prétexte, recevoir de l'argent des personnes chez lesquelles le feu se manifeste ; ils seraient punis très-sévèrement si cela avait lieu.

423. Toutes les fois qu'un poste est appelé pour un feu quelconque, le chef fait un rapport qui est envoyé au chef du corps et transmis ensuite à M. le prefet de police.

### *Moyens employés dans les Casernes pour accélérer le départ des secours.*

424. Indépendamment des secours que présentent ces postes, répartis dans tous les quartiers de Paris, on trouve, pendant la nuit, des hommes de repos dans les casernes du corps ; on en trouve aussi pendant le jour aux heures des exercices, des appels et des repas.

425. Dans chaque compagnie, il y a un contrôle de service, qui est établi de manière que les deux camarades de lit ne soient pas de garde le même jour ; les hommes de repos forment deux sections, dont chacune se compose de cinq escouades.

426. Chaque section est divisée en trois détachemens ; l'un, composé d'une escouade, marche en armes ; les deux autres, composés, chacun de deux escouades, sont chargés de l'attaque et conduisent, l'un, une pompe et un tonneau ; l'autre, une pompe, un tonneau et un chariot contenant des demi-garnitures et autres objets du matériel.

427. Les plus anciens caporaux ou chefs de postes et les plus anciens Sapeurs conduisent le matériel désigné pour le détache-

ment dont ils font partie ; les autres suivent la pompe et sont chargés de la manœuvrer, lorsqu'elle est établie.

428. Chaque détachement est commandé par un sous-officier et conduit au pas de course ; le détachement armé occupe la droite de la colonne et celui qui conduit le chariot, la gauche.

429. On dresse tous les soirs un tableau de la formation des détachemens et des escouades qui les composent. On y désigne la section qui doit partir la première et ce tableau est mis dans le poste de la garde de police. Cette désignation change toutes les fois que l'on a été au feu, afin que chacun, à son tour, puisse acquérir de l'expérience dans toutes les parties du service.

430. Les armes et fournimens du détachement armé sont toujours prêts et en bon état ; chaque homme de repos place le soir, en se couchant, ses effets d'habillement sur la tablette au-dessus de la tête de son lit ; il y place aussi son casque dont il ôte la chenille, s'il ne doit pas marcher en armes ; les souliers et les guêtres sont toujours auprès du lit.

431. Le départ des secours peut avoir lieu

dans deux circonstances différentes, savoir : celle où les hommes de repos sont absens de la caserne et celle où ils y sont présens.

432. Dans le premier cas, le chef du poste de la garde de police fait partir toute sa garde, le factionnaire excepté, avec une pompe, un tonneau et une échelle à crochets. Il en prévient auparavant l'officier de semaine, si le feu s'est manifesté dans un quartier éloigné de la caserne, et après, si c'est dans le voisinage. Les hommes qui rentrent ensuite à la caserne, sont successivement dirigés sur le lieu de l'incendie si les secours envoyés précédemment sont insuffisans.

433. Dans le second cas, si le feu est dans un quartier voisin, le chef du poste, avant de monter chez l'officier de semaine, fait partir une pompe avec trois hommes de sa garde ; s'il a lieu dans un quartier éloigné, le poste ne sort pas et le chef monte aussitôt chez l'officier de semaine.

434. Toutes les fois que le commandant du poste de police prévient l'officier de semaine pour un incendie, il se fait accompagner de la personne qui a fait l'avertissement et du Sapeur dont le numéro suit celui du factionnaire ; ce Sapeur après avoir entendu donner

les renseignemens, reçoit des instructions de l'officier et part de suite pour les communiquer au commandant du corps. Le chef du poste fait sortir de la remise les pompes, les tonneaux et le chariot; fait enlever les couvertures et allumer des flambeaux si c'est la nuit. Pendant que le chef est chez l'officier de semaine, les deux hommes de garde dont les numéros suivent celui du Sapeur qui est allé avertir le commandant du corps, montent vivement éveiller, le premier, les sous-officiers, l'autre la section qui doit partir la première; tous se réunissent promptement dans la cour de la caserne.

435. L'officier fait marcher le nombre de sections ou de détachemens qui lui paraissent nécessaires et il en prend le commandement. Il peut aussi augmenter ou diminuer le nombre de pompes et de tonneaux selon le besoin; toutefois il envoie ce que lui fait demander celui qui commande sur le lieu de l'incendie.

436. En arrivant, il reconnait le feu et se fait accompagner par un Sapeur qu'il envoie ensuite à l'état-major du corps, pour donner des détails, qui sont aussitôt communiqués à M. le préfet de police. L'officier envoie aussi un homme à l'état-major de la place.

437. Le chef du détachement armé fait diriger les tonneaux de porteurs d'eau, lorsqu'ils arrivent, et les fait retirer dès qu'ils sont vides, afin d'éviter l'encombrement; il fait placer des lumières aux points où l'on prend l'eau et auprès des pompes, si le feu a lieu pendant la nuit; il empêche les déménagemens inutiles et veille à la sûreté du matériel du corps.

438. Les hommes ne quittent pas sans ordre, le détachement dont ils font partie; ceux qui sont aux tonneaux, vont les remplir dès qu'ils sont vides.

439. L'officier qui commande choisit un point central pour y établir le parc qu'il fait indiquer par un fanal. Il y fait transporter tous les objets du matériel qui ne sont pas employés et ceux qui sont mis hors de service, et les fait garder par des hommes armés.

440. Le tableau dont il est parlé au n°. 429 est remis à l'officier, avant son départ de la caserne, pour servir, au besoin, à faire l'appel.

441. Après l'extinction de l'incendie, les détachemens sont ramenés à leur caserne dans l'ordre où ils en sont partis.

*Aperçu sur les Sapeurs-Pompiers des départemens.*

442. Dans les principales villes de France on a déja organisé des compagnies de Sapeurs-Pompiers composées pour la plupart, d'ouvriers en bâtiment, qui sont en général les hommes les plus capables de porter des secours dans les incendies, à cause de leur agilité, et parce qu'ils peuvent mettre à profit les connaissances qu'ils ont de la construction des édifices.

443. La force de ces compagnies doit être proportionnée à l'étendue de la ville et à sa population.

Elles peuvent être formées d'apres les cadres suivans; pour une compagnie de 120 hommes et au dessous jusqu'à 80 :

1 Capitaine commandant.
1 Capitaine en second.
1 Lieutenant.
1 Sous-lieutenant.
1 Sergent-major.
1 Sergent instructeur et garde-magasin.
5 Sergents.
1 Fourrier.
30 Caporaux.
80 Sapeurs.
2 Tambours.

Pour une compagnie de 80 hommes et au-dessous.

1 Capitaine.
1 Lieutenant.
1 Sous-lieutenant.
1 Sergent-major.
1 Sergent instructeur.
3 Sergents.
20 Caporaux.
55 Sapeurs.
2 Tambours.

444. Le capitaine commandant doit être pris parmi les personnes ayant des connaissances dans les constructions; MM. les ingénieurs et architectes sont très-propres à occuper une pareille place, lorsque leurs occupations le leur permettent. Les autres officiers doivent être choisis de la manière la plus convenable à ce genre de service; l'un d'eux doit avoir l'expérience nécessaire pour être particulièrement chargé de surveiller l'instruction et l'entretien du matériel, ce qui est très-essentiel.

Le sergent-major doit avoir l'instruction nécessaire pour la transmission des ordres de service, et les sergents doivent tous savoir lire et écrire correctement.

Les caporaux doivent être pris à l'ancienneté et au choix parmi les hommes qui composent la compagnie et qui se sont déjà distingués par leur intelligence et leur intrépidité dans les incendies, attendu qu'ils sont destinés à avoir le commandement du poste s'il y en a un dans la ville, et qu'ils font toujours les fonctions de chef qui ont été déterminées dans le courant de cet ouvrage.

445. Le sous-officier instructeur devrait être soldé tant pour répandre l'instruction parmi les Sapeurs, que pour entretenir constamment en bon état tout le matériel. Il serait aidé dans cet entretien par des Sapeurs désignés à tour de rôle par le sergent-major et commandés par l'un des officiers de la compagnie. Ce sous-officier doit être pris parmi des Sapeurs qui ont déjà plusieurs années de service dans un corps ou une compagnie de Sapeurs-Pompiers et qui justifierait de la parfaite connaissance de tout ce qui est enseigné par le *Manuel*.

446. L'instructeur devrait être logé aux frais de la ville, très-près d'un des dépôts du matériel, *autant que possible* vers le centre de la ville et le plus près possible d'un corps de garde de police, afin qu'au besoin le concours de l'instructeur et des hommes de garde puisse avoir lieu pour le transport du matériel.

447. Le logement de chaque individu composant la compagnie, devrait être indiqué par un écriteau portant ces mots, *Sapeur-Pompier*, et placé d'une manière apparente sur la façade de la maison qu'il habite. Avec cette précaution on n'aurait besoin de faire aucune recherche, pendant la nuit, pour trouver les Sapeurs, leur habitation étant bien connue dans les différentes rues.

448. S'il était possible que chaque jour trois hommes, dont un caporal, fussent désignés pour monter la garde, ils devraient être placés dans un corps de garde remplissant comme le logement de l'instructeur, la condition d'être placé au centre de la ville et près, s'il est possible, d'un corps-de-garde de police ; l'instructeur y ferait de fréquentes rondes, ainsi que MM. les officiers et sous-officiers de la compagnie, dont un au moins serait désigné chaque jour par le capitaine commandant.

S'il était impossible d'avoir trois hommes de garde pendant les vingt-quatre heures, on devrait au moins faire en sorte que le corps de garde fût occupé depuis huit heures du soir jusqu'à six du matin par des Sapeurs en tenue, pour aller au feu, et prêts à partir au premier avertissement ; car c'est surtout la nuit que la promptitude avec laquelle arrivent les premiers secours, influe sur leur efficacité.

449. Le temps des artisans qui composent la compagnie étant très-précieux, pour le soutien de leurs familles, et néanmoins l'utilité de l'instruction étant évidente, il serait nécessaire que l'instructeur pût les réunir le plus souvent possible, et qu'il choisit pour faire ses leçons les jours les plus à la convenance des Sapeurs-Pompiers.

450. L'instructeur rendrait compte après chaque leçon à MM. les officiers, de l'exactitude, du zèle, de l'aptitude et des progrès de chaque Sapeur-Pompier.

451. Les épreuves des pompes et de leurs agrès se feraient publiquement et toujours en présence de MM. les officiers, au moins deux fois par an pendant la belle saison. Les jours seraient déterminés par M. le maire qui pourrait y assister pour s'assurer par lui-même du bon état du matériel et profiter de la circonstance pour récompenser ceux des Sapeurs qui lui auraient été désignés comme s'étant le plus particulièrement distingués dans les incendies, ou dans les leçons qui leur auraient été données pendant le cours de l'année.

# SITUATION

## DES CORPS-DE-GARDE DE SAPEURS-POMPIERS.

*Premier arrondissement.*

Allée de Marigny, au coin de la place Beauveau.

Grande rue de Chaillot, nº. 3.

Rue de la Paix, à la Caserne, nº. 4.

Rue Chantereine, nº. 31.

Rue Royale, hôtel de la Marine, nº. 2.

Rue de Rivoli, nº. 12.

*Deuxième arrondissement.*

Rue du Faubourg-Poissonnière, nº. 23, aux Menus-Plaisirs.

Rue Vivienne, à la trésorerie, nº. 2.

A l'Arcade Colbert, nº. 58.

*Troisième arrondissement.*

Rue Neuve-des-Bons-Enfans, à la banque de France, près la rue Baillif.

Rue Coq-Héron, nº. 18, à la poste aux lettres.

*Quatrième arrondissement.*

Au Louvre, sous l'horloge.

Rue de la Poterie, à la halle aux draps.

*Cinquième arrondissement.*

Rue du faubourg Saint Denis, à Saint-Lazare, nº. 121.

*Sixième arrondissement.*

Rue du faubourg du Temple, près la caserne d'infanterie.

Rue St.-Martin, à l'Abbaye.

*Septième arrondissement.*

Vieille rue du Temple, à l'imprimerie royale.

Rue des Blancs-Manteaux, au mont-de-piété.

Rue Culture Sainte-Catherine, à la caserne des Sapeurs-Pompiers.

*Huitième arrondissement.*

Rue du faubourg Saint-Antoine, carrefour Montreuil.

*Neuvième arrondissement.*

A l'Hôtel-de-Ville, près l'arcade Saint-Jean.

Rue St.-Louis, nº. 67, île Saint-Louis.

*Dixième arrondissement.*

Rue Guénégaud, à la monnaie.

Rue Saint-Dominique, au bureau de la guerre.

Rue de Grenelle-St.-Germain, au ministère de l'intérieur.

Aux Invalides, près la principale entrée.

Rue St.-Dominique, Gros-Caillou, près le corps-de-garde d'infanterie.

A l'École Militaire, Cour-des-Fontaines.

*Onzième arrondissement.*

Rue de Vaugirard, vis-à-vis le Petit-Luxembourg, au coin de la rue Garencière.

Quai des Orfèvres, à l'état-major du corps des Sapeurs-Pompiers.

Rue du Vieux-Colombier, à la caserne des Sapeurs-Pompiers.

*Douzième arrondissement.*

Rue Mouffetard, près celle de l'Arbalètre.

Enclos du Panthéon, place de l'Estrapade, n°. 15.

Rue des Noyers, n°. 15.

Halle aux vins, rue des Fossés-St.-Bernard, n°. 7.

## *Postes de Sapeurs-Pompiers aux Abattoirs.*

D'Ivry.
De Grenelle.
Du Roule.
De Ménilmontant.
De Montmartre.

Le matériel est réparti dans les postes indiqués ci-dessus, à l'exception de deux pompes sur bateaux en station l'une auprès du Pont-Neuf, l'autre auprès du Pont-Marie ; et d'un grand nombre de seaux à incendie déposés dans les douze mairies et chez les quarante-huit commissaires de police.

# TABLEAU

*présentant le nombre de Feux de cheminées et des Incendies qui se sont manifestés chaque année dans la ville de Paris, depuis l'année* 1804 *jusqu'en* 1823 *inclus.*

| DÉSIGNATION DES ANNÉES. | NOMBRE ANNUEL des Feux de cheminée | NOMBRE ANNUEL des Incendies | NOMBRE ANNUEL TOTAL. | OBSERVATIONS DIVERSES. |
|---|---|---|---|---|
| 1804... | 314. | 89. | 403. | 1.° Le rapport du nombre moyen annuel des incendies et feux de cheminée, à Paris (540), avec le nombre des maisons que l'on y compte (26,801), et avec celui des ménages qui les occupent (224,922), est, pour les<br>MAISONS, sur 100 : Feux, 2,01<br>MÉNAGES, sur 1,000 : Feux, 2,40 |
| 1805... | 453. | 78. | 531. | |
| 1806... | 366. | 73. | 439. | |
| 1807... | 372. | 73. | 445. | |
| 1808... | 406. | 84. | 490. | |
| 1809... | 358. | 78. | 436. | |
| 1810... | 404. | 83. | 487. | |
| 1811... | 274. | 66. | 340. | |
| 1812... | 392. | 100. | 492. | |
| 1813... | 391. | 94. | 485. | |
| 1814... | 427. | 28. | 455. | |
| 1815... | 470. | 66. | 536. | |
| 1816... | 475. | 73. | 548. | |
| 1817... | 494. | 68. | 562. | |
| 1818... | 544. | 85. | 629. | |
| 1819... | 524. | 66. | 590. | |
| 1820... | 634. | 120. | 754. | |
| 1821... | 531. | 118. | 649. | |
| 1822... | 641. | 130. | 771. | |
| 1823... | 661. | 127. | 788. | 2.° La valeur moyenne des sinistres occasionnés chaque année par les Incendies, dans la ville de Paris, est estimée généralement à $\frac{1}{23000}$. |
| | 9,131. | 1,699. | 10,830. | |
| Nombre de moyens annuels.. | 456. | 84. | 540. | |

*Tableau n.° 1.*

## PRISES D'EAU

*autres que celles qui existent dans l'intérieur des maisons particulières ou sur la rivière.*

| DESIGNATION des arrondissemens. | NOMBRE DES | | |
|---|---|---|---|
| | FONTAINES publiques. — Monumens. | LIEUX de distribution des eaux. | BORNES-Fontaines. |
| 1er. | 3. | 2. | 2. |
| 2e. | 2. | 4. | 15. |
| 3e. | 3. | 1. | 21. |
| 4e. | 5. | 1. | 18. |
| 5e. | 4. | 1. | 17. |
| 6e. | 7. | 3. | 37. |
| 7e. | 6. | » | 4. |
| 8e. | 6. | » | 5. |
| 9e. | 5. | 5. | 1. |
| 10e. | 10. | 3. | ». |
| 11e. | 6. | 1. | 4. |
| 12e. | 8. | 7. | ». |
| | 65. | 28. | 124. |

*Nota.* En vertu de diverses ordonnances de police, les 1338 porteurs d'eau à tonneaux sont tenus de rentrer, tous les soirs, leurs tonneaux pleins d'eau, et de les conserver dans cet état, toute la nuit, pour les conduire, en cas d'incendie, sur les lieux où ils seraient appelés : ils reçoivent le prix de l'eau qu'ils ont fournie, à raison de 10 centimes la voie, et en outre une gratification de 12 et 6 francs est accordée aux deux premiers arrivans. Dans le même cas, l'entreprise des eaux épurées fournit les mêmes secours.

*Tableau n°.* 2.

## *Compagnies d'assurances contre les Incendies.*

| DÉSIGNATION DES DIVERSES COMPAGNIES. | MARQUE distinctive appliquée sur les maisons assurées par Compagnies. | OBSERVATIONS. |
|---|---|---|
| 1.° Compagnie Royale d'assurance ............... | C.ie R.le | Son capital est de 10 millions. |
| 2.° Compagnie d'assurance mutuelle contre l'incendie pour la Ville de Paris.... | M. A. C. L. | La valeur des bâtimens engagés au 1er janvier 1822, était de 860 millions. |
| 3.° Compagnie d'assurances générales contre l'incendie | A.ces G.les | Son capital est susceptible d'un accroissement par la mise en réserve d'une grande partie des bénéfices. |
| 4.° Compagnie d'assurance spéciale contre l'incendie, de toutes matières immobilières, mobilières ou locomobilières, de toutes natures et de toutes valeurs | A. S.le | |
| 5.° Compagnie française du Phénix................ | L'empreinte d'un Phénix. | " |
| 6.° Compagnie d'assurance mutuelle contre l'incendie pour le Département de la Seine (Paris excepté).... | A. M. | " |

RAMONAGE.

Entreprise de Ramonage dans les Maisons assurées contre l'incendie (par la Compagnie n.° 2.)
Service de Ramonage et inspection des cheminées pour prévenir les incendies (par la Compagnie n.° 6)

*Tableau n.° 3.*

# TABLE
## DES MATIÈRES.

*Préface et Introduction.*

## CHAPITRE PREMIER.

## CHAPITRE II.

## *PREMIÈRE PARTIE.*

### PREMIÈRE LEÇON. Nos.



### DEUXIÈME LEÇON.



### TROISIÈME LEÇON.

### QUATRIÈME LEÇON.



### CINQUIÈME LEÇON.



### SIXIÈME LEÇON.



## *DEUXIÈME PARTIE.*

## Réparations.

## CHAPITRE III.

## CHAPITRE IV.



### Feux de cheminées.



### Feux de caves.



### Feux de rez-de-chaussée.

Feux de chambre. N^os^.



Feux de plancher.



Feux de comble.



Grands incendies.

## CHAPITRE V.



## CHAPITRE VI.

## CHAPITRE VII.



## CHAPITRE VIII.

## Situation et tableaux.



FIN DE LA TABLE.

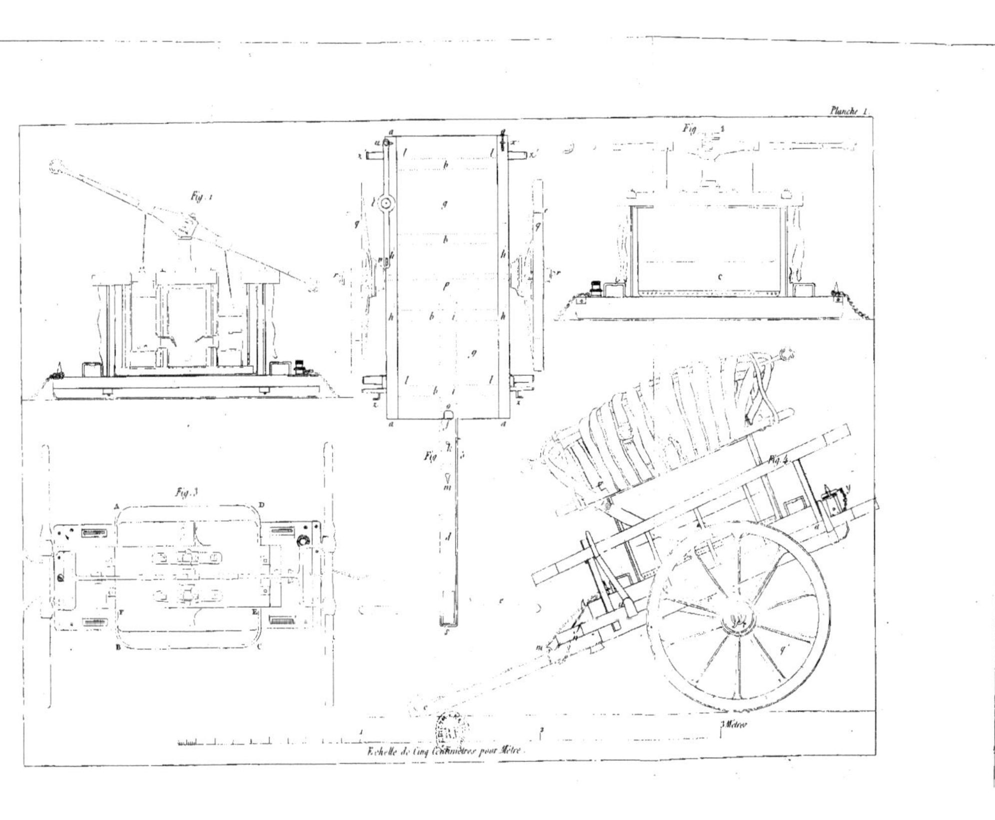
Planche 1.
Fig. 1
Fig. 2
Fig. 3
Fig. 4
Fig. 5
Echelle de Cinq Centimètres pour Mètre.
3 Mètres

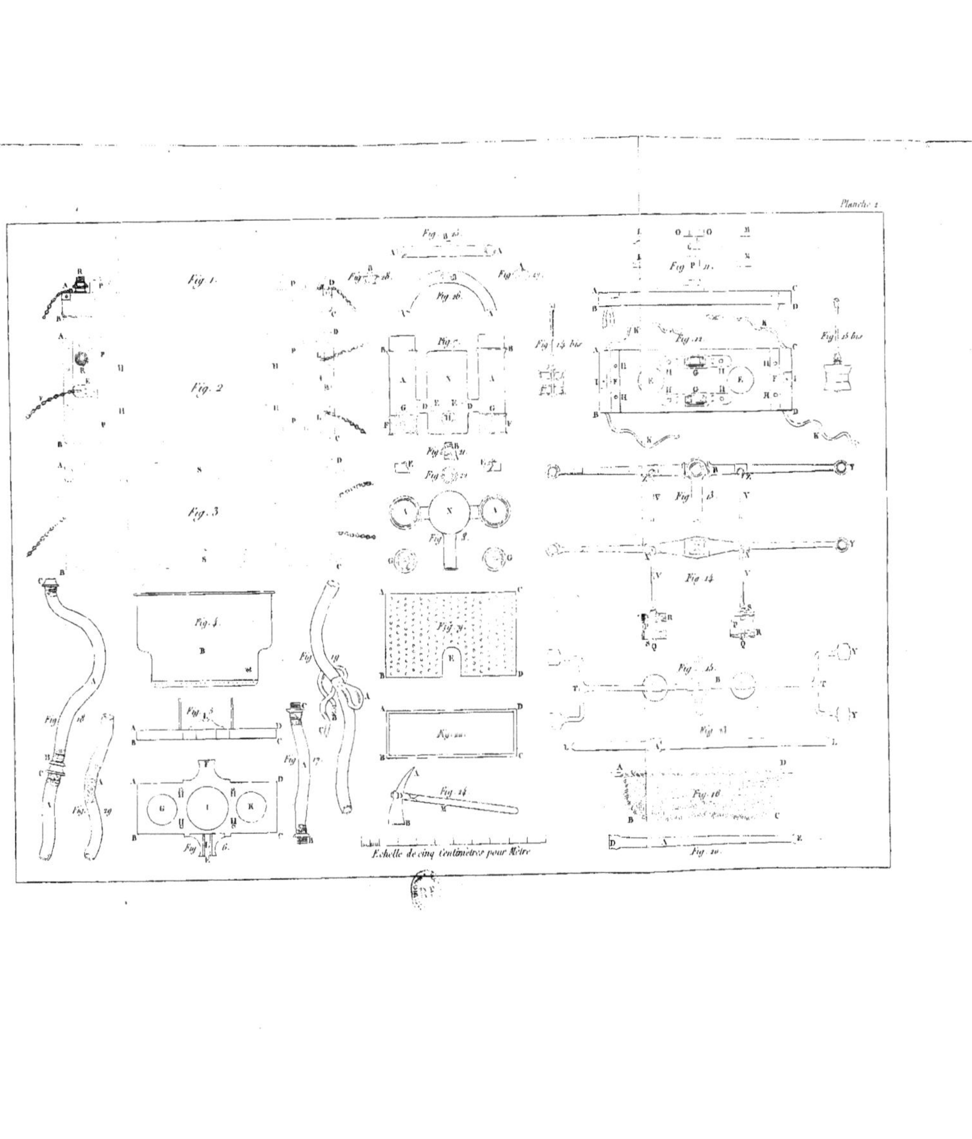
Planche 2
Fig. 1
Fig. 2
Fig. 3
Fig. 4
Fig. 5
Fig. 6
Fig. 7
Fig. 8
Fig. 9
Fig. 10
Fig. 11
Fig. 12
Fig. 13
Fig. 14
Fig. 14 bis
Fig. 15
Fig. 15 bis
Fig. 16
Fig. 17
Fig. 18
Fig. 19
Fig. 20
Fig. 21
Fig. 24
Échelle de cinq Centimètres pour Mètre

Planche 3ème

Fig. 1re

Sapeurs Pompiers à la position du Soldat sans armes.

Fig. 2ème

Exécution du commandement de Pompe à terre.

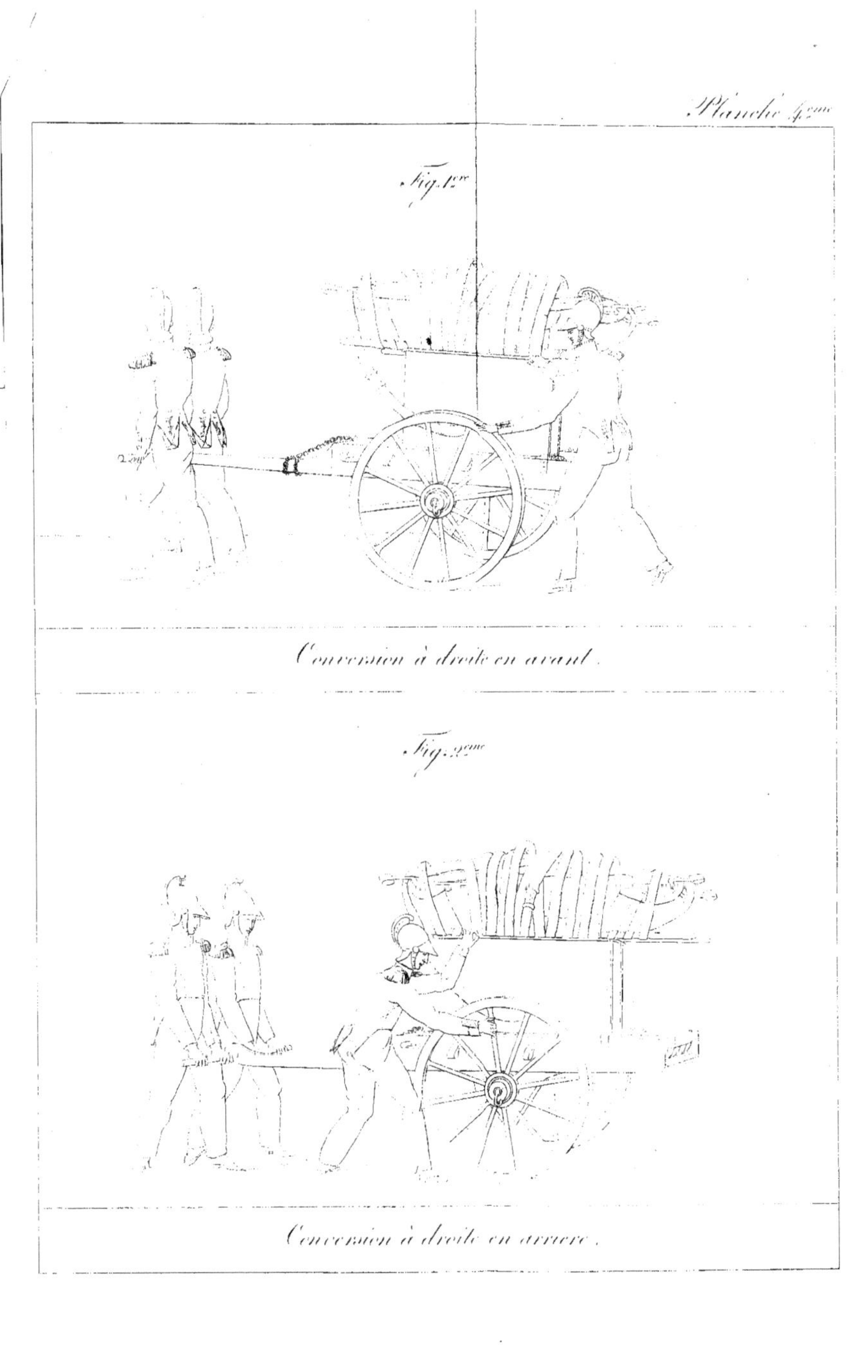

Planche 4ème

Fig. 1ère

Conversion à droite en avant.

Fig. 2ème

Conversion à droite en arrière.

Planche 5.ème

Fig. 1.ère

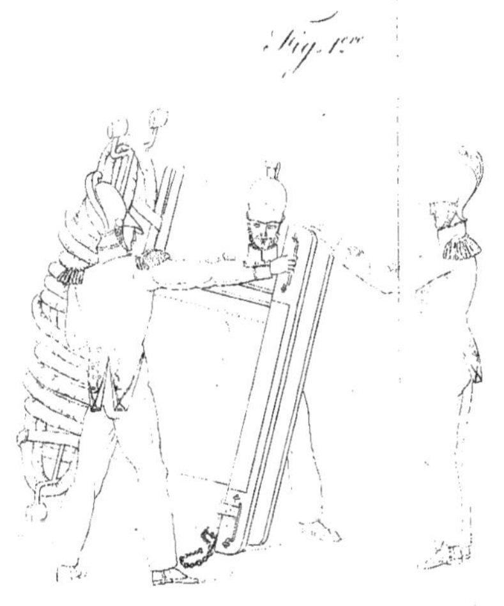

Mouvement de lever la Pompe pour la remettre sur son Chariot.

Fig. 2.ème

Position des Sapeurs Pompiers et des Travailleurs dans la Manœuvre à l'Eau.

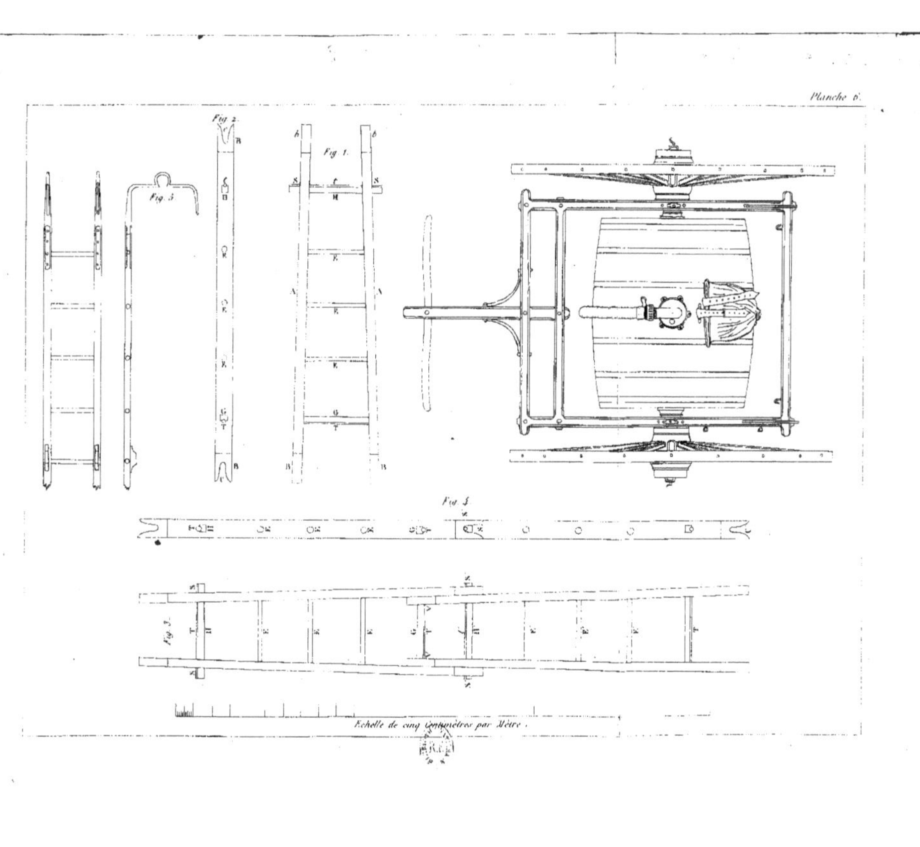
Planche 6.
Fig. 1.
Fig. 2.
Fig. 3.
Echelle de cinq centimètres par Mètre.

www.ingramcontent.com/pod-product-compliance
Ingram Content Group UK Ltd.
Pitfield, Milton Keynes, MK11 3LW, UK
UKHW022057260726
13993UKWH00001B/178

9 782329 275697